W0410042

Artischocken

Die besten Rezepte

Barbara Wurzel

Artischocken

Die besten Rezepte

AT Verlag

«Widme dich der Liebe und dem Kochen mit ganzem Herzen.»

Der vierzehnte Dalai Lama in seinen Empfehlungen
zum neuen Jahrtausend

© 2002
AT Verlag, Aarau, Schweiz
Fotos: Karin Skogstad, München
Lithos: AZ Grafische Betriebe AG, Aarau
Druck und Bindearbeiten: Stalling GmbH, Oldenburg
Printed in Germany

ISBN 3-85502-805-2

www.at-verlag.ch

Inhalt

Bereits in der Antike war die Artischocke ein begehrtes Gemüse. Die alten Römer müssen so verrückt nach dieser Stachelfrucht gewesen sein, dass der Geschichtsschreiber Plinius der Ältere gar meinte, sie darob tadeln zu müssen. Sehr zu Unrecht! Machen doch ihre Bitterstoffe die zarte Distelknospe zu einer exzellenten Verdauungshilfe – und die werden die masslosen römischen Schlemmer wahrscheinlich bitter nötig gehabt haben.

Rund ums Mittelmeer werden auch heute Artischocken kultiviert und einfallsreich zubereitet. Und wer einmal – beispielsweise auf einer griechischen Insel – ein blühendes Artischockenfeld in seiner zartvioletten Pracht bewundert hat und sich die aromatischen Distelknospen im Munde zergehen liess, den lässt dieses ganz spezielle Gemüse nicht mehr los. Er ist zum Liebhaber geworden und wird alles daran setzen, seine Kennerschaft zu vertiefen. Und dabei will ihn dieses Buch nach Kräften unterstützen – ein Artischockenbuch für Geniesser!

Aber auch der Aspekt «Nahrung als Medizin» kommt nicht zu kurz. Die Artischocke gilt als appetitanregend, blutreinigend, entgiftend und entwässernd. Ihre Bitterstoffe regen den Gallefluss an und tun der Leber gut. Auch ihr Gehalt an Mineralien und Vitaminen ist beachtlich. Ein Paradebeispiel also für die heute viel zitierte Forderung des Hippokrates: «Eure Nahrung sei eure Medizin.»

Erstaunlicherweise gibt es in unseren Breiten trotzdem Menschen, die noch nie eine Artischocke genossen haben, nicht einmal fertig eingelegte Artischockenherzen. Wer allerdings erst einmal festgestellt hat, wie einfach die Zubereitung frischer Artischocken ist und wie breit gefächert das Angebot an unterschiedlichen Sorten und mannigfaltigen Rezeptvariationen, der wird sowieso nie (mehr) zur Konserve greifen.

Barbara Wurzel

Die Artischocke – botanisch betrachtet
Die Artischocke, ein essbares Distelgewächs, stammt ursprünglich vermutlich aus dem Orient (manche vermuten aus Äthiopien, andere aus Arabien, der Türkei oder dem Iran) und war bereits den alten Ägyptern bekannt. Die Pflanze *Cynara cardunculus*, die sich aus der Karde entwickelt hat, ist eine maximal zwei Meter hohe Staude, die im entsprechenden – milden und feuchten – Klima bis zu vier Jahre ertragsfähig ist. Sie gehört zur Familie der Korbblütler (*Asteraceae*) und ist verwandt mit Pflanzen wie Chicorée, Radicchio, Endivie, Topinambur und Löwenzahn, die sich allesamt durch mehr oder weniger ausgeprägte Bitterkeit auszeichnen.

Angebaut wird die Artischocke traditionell in Regionen mit ausgeglichenem Klima – also nicht zu kalt, aber auch nicht zu heiss. In sehr heissen Gegenden wird sie als Herbst- und Wintergemüse kultiviert. Auch bei uns wurde und wird diese Delikatessdistel neuerdings wieder vermehrt im Garten angebaut. Der Boden sollte dafür zwar gleichmässig feucht, darf aber auf keinen Fall nass sein. Um die kostbaren Pflanzen vor Mäusen, vor Nässe und Kälte zu bewahren, graben manche Gärtner sie mit den Wurzelballen aus, überwintern sie im kühlen Keller und pflanzen sie erst im Frühling wieder in den Garten.

Dass die Artischocke auch in unseren Breiten gedeiht, belegen alte Schriften, zum Beispiel aus der Zeit Karls des Grossen und aus Klosterbibliotheken des frühen Mittelalters. Vom Mittelalter an war sie vor allem als Aphrodisiakum begehrt. Der Geheime Rat Goethe, der im Übrigen auch den Spargel zu seinen Favoriten zählte, war ganz närrisch nach diesen Knospen. Von Freunden aus Frankfurt erhielt er regelmässig Artischockensendungen, und seine Christiane baute das Lustgemüse auch im weimarischen Hausgarten am Frauenplan an und kündigte ihrem häufig abwesenden Gefährten, sicher nicht ohne Hintersinn, brieflich die bevorstehende Artischockenernte an.

Die Artischocke – geografisch betrachtet
Der Siegeszug der Artischocke durch Südeuropa steht in engem Zusammenhang mit den Eroberungen der Araber und der Römer. Nördlich der Alpen hatte und hat es die frostempfindliche Delikatesse schwerer. Gegenwärtig wird die Artischocke in zahlreichen Sorten und Varietäten im gesamten Mittelmeerraum einschliesslich Nordafrikas kultiviert. Am besten scheint sie in Küstennähe zu gedeihen; ob in Ägypten, Frankreich, Spanien oder Sizilien, die besten Früchte wachsen dort, wo das Meer nicht weit ist. Auch in der Neuen Welt ist die essbare Distel heute beheimatet, wohin sie im Gefolge der Eroberer und von Einwanderern aus dem Mittelmeerraum gelangt sein dürfte. Die meisten Distelknospen auf unseren Märkten kommen aus Frankreich, Spanien und Italien. Aber auch Griechenland, Portugal, Ägypten und weitere Mittelmeeranrainer gehören zu den Exportländern, deren Artischocken in unseren Kochtöpfen landen.

Der deutsche Name Artischocke ist von dem arabischen *al'qarshuf* abgeleitet. Daraus wurde im Spanischen *alcachofera*, im Portugiesischen *carxofera*, im Italienischen *carciofo*, im Griechischen *alcachoffa* (neugriechisch *anginára*), im Französischen *artichaut* und im

Englischen *artichoke*. Die althergebrachte europäische (Sprach-)Verwandtschaft offenbart sich an diesen Namen.

Die Artischocke – kulturhistorisch betrachtet

Die Artischocke war wohl immer schon eine Frucht der Reichen; aus dem alten Rom ist überliefert, dass sich die Artischockenliebhaber ihren Genuss schon etwas kosten lassen mussten.

Hinter dem lateinischen Namen *Cynara*, abgeleitet vom griechischen *kinára*, verbirgt sich die antike mythologische Entstehungsgeschichte der Artischocke: Zeus, beständig liebeshungriger Herrscher des Olymp, hatte sich wieder einmal verliebt, in eine Schönheit mit Namen Cynaria. Da Cynaria aber seinem heftigen Drängen widerstand, verwandelte sie der zornige Göttervater kurzerhand in eine stachelige Pflanze gleichen Namens, eben die Artischocke. In der Astrologie steht die Artischocke übrigens als Sinnbild für den Steinbock, der sein empfindliches und sanftes Herz unter vielen Stacheln verbirgt und der entschieden spröder wirkt, als er in seinem wahren Wesen ist.

Als Katharina von Medici durch Heirat Königin der Franzosen wurde, soll mit ihr die von ihr heiss geliebte Stachelfrucht von Italien nach Frankreich gelangt sein. So konnte sich später auch Madame Dubarry, die Mätresse Ludwigs XV., die angeblich erotisierende Wirkung der Artischocke zunutze machen. Es wird berichtet, sie habe regelmässig Artischockengerichte zubereiten lassen, um die sexuelle Begierde des Königs wachzuhalten.

Dass die Artischocke im Mittelalter und auch später noch als Aphrodisiakum hoch begehrt war, hat vielleicht auch damit zu tun, dass sie damals zumindest in unseren Breiten eine echte Rarität darstellte. Es sind und waren immer die eher seltenen und exklusiven Genüsse, die – zu Recht oder zu Unrecht sei dahingestellt – mit der Göttin der Liebe in Beziehung gebracht werden. Auch heute noch gilt die Artischocke als aphrodisisches Gemüse, was anders als beim Spargel wohl weniger mit ihrer Form zu tun hat als vielmehr mit dem Akt des Verzehrens, bei dem eine stachelige, unzugängliche Distelknospe langsam und genussvoll entblättert wird, bis sich, tief im Inneren verborgen, unvermutet das zarteste und lieblichste Herz darbietet. Wenn das kein passendes Gleichnis für ein sinnliches Liebesmahl ist!

Dass die Artischocke in alten Zeiten weit verbreiteter war, als heute allgemein bekannt ist, belegen auch kunst- und bauhistorische Forschungen. In zahlreichen Ländern Europas bis hinauf nach England finden sich Beispiele von in Stein gehauenen Distelknospen, die oft wohl irrtümlich mit den in der Ornamentik ebenfalls gern dargestellten Pinienzapfen verwechselt werden. Selbst als Schmuckelemente auf den Torpfosten fränkischer Hofbauten geben die Blütenknospen des Mittelmeergemüses den Forschern Rätsel auf.

Die Artischocke – heilkundlich betrachtet

Von alters her kannten die Menschen die heilsame Wirkung der Artischocke. Mit Sicherheit hat diese Eigenschaft beträchtlich zur Beliebtheit des Distelgemüses beigetragen. In reichen Adels- und Bürgerhäusern gehörten Bankette und Festgelage zu den regelmässigen Gepflogenheiten. Umso dankbarer war man in diesen Kreisen für eine Frucht, die die schlimmsten Auswirkungen der Völlerei zumindest mildern und die noch dazu mit höchstem Genuss verspeist werden konnte.

Früher schrieb man die wohltuenden und entlastenden Eigenschaften allein dem Bitterstoff Cynarin zu, von dem die Artischocke so viel enthält wie kaum ein anderes bekanntes Gemüse. Der beliebte aus Artischocken hergestellte Magenbitter heisst nicht von ungefähr «Cynar». Heute geht die Wissenschaft davon aus, dass nicht ein einzelner Wirkstoff, sondern das Zusammenwirken einer ganzen Gruppe von bioaktiven Stoffen den speziellen Effekt ausmacht. Wie dem auch sei: Wer heilt, hat Recht.

Es ist ein alter Erfahrungswert: Artischocken können viele Beschwerden und gesundheitliche Störungen im Zusammenhang mit der (Fett-)Verdauung lindern und sogar heilen. Sie gelten als appetitanregend, blutreinigend, entgiftend und harntreibend. Ihre Inhaltsstoffe regen den Gallefluss an, entlasten und schützen die Leber und sind in der Lage, die Bildung von «schlechtem» LDL-Cholesterin zu vermindern. Fürwahr ein beachtliches Heilpotenzial, das dem Mittelmeergemüse innewohnt, und vielleicht ein zusätzlicher Faktor, der die so genannte Mittelmeerdiät so bekömmlich macht. Wissenschaftler vermuten, dass mit dem standardisierten Extrakt der Artischocke sogar «verkalkte» Blutbahnen langfristig von Ablagerungen gereinigt werden können.

Artischocken eignen sich überdies ideal für Diabetiker. Hier müssen sie nicht mit Broteinheiten jonglieren, denn das in ihnen enthaltene Kohlehydrat Inulin ist ein Zucker, der dem Stoffwechselgeschehen ohne Einsatz von Insulin zur Verfügung steht.

Artischocken enthalten viele Ballaststoffe, dafür umso weniger Kalorien. Sie sind reich an Kalium und Magnesium und versorgen uns mit reichlich Folsäure sowie Vitamin C, Kupfer, Eisen, Phosphor, Nikotinsäure, Vitamin B_6, Zink, Pantothensäure und Kalzium. Kein Wunder also, dass diese Vitamin- und Mineralstoffbomben zum Beispiel von den portugiesischen Seefahrern des ausgehenden Mittelalters und der frühen Neuzeit als eiserne Ration mit an Bord genommen wurden.

Artischocken sieht man heute das ganze Jahr auf unseren Märkten. Die Haupterntezeit in den Mittelmeerländern liegt allerdings im Frühjahr, von März bis Juni, und dann wieder in den Monaten Oktober bis Dezember. Es gibt sie in den zahlreichen Anbauländern in unzähligen Sorten und Varietäten. Man unterscheidet sie entweder nach Anbaugebieten oder nach Form – von kugelrund bis spitz zulaufend –, Grösse – von winzigen Babyartischocken bis zu Exemplaren mit einem Durchmesser von 13 Zentimetern – und Farbe – die verschiedensten Abstufungen von Grün, Rot und Violett.

Aus Frankreich kommen hauptsächlich die grossen, grünen, kugeligen Distelknospen aus der Bretagne zu uns, die dort zärtlich Stupsnasen genannten «Camus de Bretagne». Sie wiegen bis zu 500 Gramm und eignen sich mit ihren ausladenden Böden sehr gut zum Füllen. Auch kleinere, längliche, lila Artischocken namens «Petits Violets» schickt die Bretagne in die Welt.

Spaniens Artischockenexporte kommen vor allem aus der Region um Valencia, unter anderem die kleinen, länglichen, sowohl grünen als auch violetten «Tudelas», aber auch grössere grüne Exemplare.

Italien macht dem Liebhaber gleich ein ganzes Bukett unterschiedlichster Sorten zum Geschenk: den grossen, kugeligen, roten «Romanesco» ebenso wie den länglichen, grünen «Catanese», den mittelgrossen, zarten «Violetto di Toscana», aber auch die beliebten kleinen ligurischen Artischocken «Spinosa di Liguria», die sardische Sorte «Spinosa sarda», deren Blätter in einem sehr spitzen gelben Dorn enden, und die kleinen stacheligen Sorten aus Sizilien.

In den Anbauländern ist die Sortenvielfalt fast unüberschaubar. Artischocken erfreuen sich dort grosser Beliebtheit und haben in manchen südlichen Ländern eine ähnliche Bedeutung wie bei uns die Kartoffeln. Besonders begehrt sind die kleinen, sehr jung geernteten Knospen, denn je kleiner die Knospe, desto intensiver ihr Aroma. Die kleinen, jungen Babyartischocken kann man sogar roh und sozusagen mit Stumpf und Stiel essen. Der Stiel der zarten, jungen Sorten ist übrigens eine Delikatesse für sich. Kenner wählen die Exemplare unter anderem nach der Länge der Stiele aus, die dann, dick geschält, roh oder gekocht genossen werden.

Am besten schmecken die Knospen natürlich – wie jedes andere Gemüse auch – frisch vor Ort geerntet. Wählen Sie geschlossene Knospen mit glatten Hüllblättern von makelloser Farbe ohne braune Verfärbungen und vertrocknete Blätter; die Knospen sollten auf leichten Druck die Zartheit ihres Inneren preisgeben. Optimal ist es, das Gemüse umgehend seiner kulinarischen Bestimmung zuzuführen. Ist dies nicht möglich, so kann es maximal drei Tage, eingehüllt in feuchte Tücher, in einer kühlen Speisekammer oder im Gemüsefach des Kühlschranks einigermassen unbeschadet überstehen.

Alle bedeutenden Küchenmeister haben sich der Artischocke angenommen und daraus köstliche Spezialitäten kreiert. Die Rezepte in diesem Buch möchten Sie mit den vielfältigen Möglichkeiten vertraut machen und zu eigenen Kreationen inspirieren.

Wenn nicht anders angegeben, sind die Rezepte jeweils für 4 Personen berechnet.

Die Rezepte möchten Empfehlung und Anregung sein, wollen Ihre persönliche Kreativität aber keinesfalls einengen. So sehe ich auch die angegebenen Masse und Mengen als Näherungswerte, die Sie aufgrund eigener Erfahrungen, Bedürfnisse und Vorlieben durchaus auch variieren können.

Übrigens: Die einfachsten und selbstverständlichsten Vorbereitungsarbeiten – dass etwa Salat gewaschen und trockengeschleudert, Zwiebel und Knoblauch geschält wird – werden vorausgesetzt und in den Rezepten nicht eigens vermerkt.

Einkaufen

Artischocken sollten möglichst kompakt sein, knackige, eng anliegende Blätter ohne bräunliche und trockene Stellen haben und auf sanften Druck ihren weichen Kern offenbaren. Besonders die kleinen, jungen Babyartischocken müssen sich ganz nachgiebig anfühlen, sonst sind sie nicht frisch.

Der Stiel darf nicht dunkel verfärbt, sondern sollte grün mit hellerem Mark sein. Er ist bei manchen Artischockensorten eine Delikatesse für sich.

Grösse und Form sind sortenabhängig und geben keine Auskunft über Qualität und Frische.

Verfärbte Blätter oder braune Spitzen sind Anzeichen von fortgeschrittenem Alter und versprechen einen untypischen, strengen Geschmack. Überreife Artischocken fühlen sich hart an, haben nur noch wenige geniessbare Blätter, dafür aber viel Heu.

Vorbereiten (Abbildungen 1–4)

Die Artischocken zunächst unter fliessendem Wasser waschen.

Anschliessend an die Tischkante legen und den Stiel über der Kante abbrechen – dabei lösen sich gleichzeitig die harten Fasern aus dem Blütenboden.

Den Boden mit einem Sägemesser begradigen, damit die Frucht beim Servieren gut aufrecht steht, dabei gleich die unteren harten Aussenblätter mit abschneiden (Abb. 1).

Nun wird das obere Drittel des Blütenkopfs mit dem Sägemesser möglichst gerade abgeschnitten.

Die äusseren, harten und trockenen Hüllblätter ablösen.

Die Spitzen der verbliebenen Blätter mit der Küchenschere kappen, besonders gründlich, wenn die Spitzen stachlig oder trocken sind (Abb. 2).

Alle Schnittflächen mit Zitrone einreiben oder die ganze vorbereitete Artischocke sofort in Zitronen- oder Essigwasser einlegen.

Tipp: Da der Artischockensaft die Hände verfärbt, empfiehlt sich das Tragen von feinen Gummihandschuhen bei den vorbereitenden Arbeiten.

Vorbereiten zum Füllen:

Die Blätter auseinander drücken, die zarten inneren Blütenblätter fassen und herauslösen.

Mit Hilfe eines Kugelausstechers das «Heu» – die Haare auf dem Artischockenboden – entfernen.

Artischockenherzen vorbereiten:
Die Knospen von allen trockenen und stachligen Teilen befreien – wirklich nur das zarte Innenleben verwenden.

Die oberen Blattteile gründlich kappen und den Boden mit einem gebogenen Pariermesser rund herum glattschneiden.

Je nach Grösse die Artischocken entweder im Ganzen weiterverarbeiten und die inneren Blütenblätter sowie – wenn nötig – das Heu mit dem Kugelausstecher herauskratzen (junge, kleine Artischocken haben kein oder kaum Heu). Oder längs halbieren beziehungsweise vierteln und das Heu mit einem Apfelausstecher entfernen (Abb. 3).

Artischockenböden vorbereiten:
Alle Blätter einschliesslich der zarten inneren Blütenblätter von aussen beginnend Schicht um Schicht entfernen.

Das Heu mit Hilfe des Apfelausstechers entfernen.

Den Boden von unten mit dem Pariermesser schön zurechtschneiden (Abb. 4).

Tipp: Wenn es Sie (wie auch mich) reut, dass beim Zurüsten der Artischocken so viel «Abfall» entsteht, können Sie aus den Blättern und den geschälten Stielen einen Fond zubereiten (siehe Tipp Seite 38) oder die fleischigen Blätter über Wasserdampf weich kochen und als Vorspeise geniessen wie im Rezept auf Seite 20 beschrieben.

Abb. 1

Abb. 2

Abb. 3

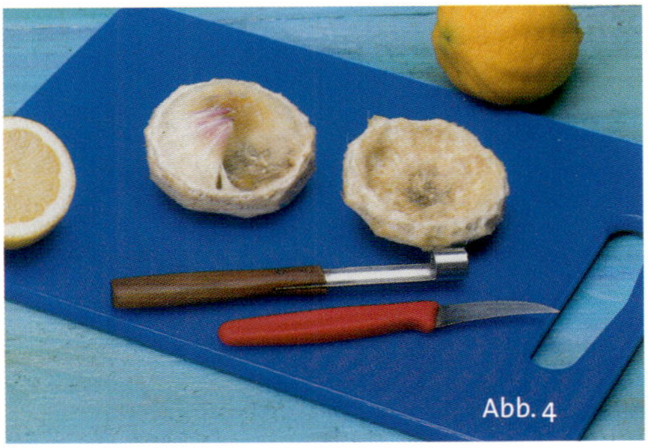
Abb. 4

Zubereiten

Die Artischocken in kochendes, leicht gesalzenes und mit Zitronensaft oder Essig gesäuertes Wasser geben. Manche Köche empfehlen die Zugabe von 1 EL feinem Weizenmehl, damit die Artischocken ihre schöne frische Farbe behalten; nach meiner Erfahrung reicht aber das Säuern dafür aus. Die Artischocken verfärben sich sowieso immer leicht.

Köcheln Sie die Artischocken etwa 40 Minuten (grosse Exemplare, bei kleineren reduziert sich die Kochzeit entsprechend), bis sich die Blätter leicht lösen lassen. Artischockenherzen sind weich, wenn man sie mit einem Messer leicht einstechen kann.

Die Artischocken mit einer Schaumkelle aus dem Wasser heben und kopfüber in einem Sieb gut abtropfen lassen, bevor sie serviert werden.

Weitere Zubereitungsarten wie schmoren, braten, füllen, gratinieren, frittieren und so weiter sind in den entsprechenden Rezepten eingehend beschrieben.

Tipp: Bereiten Sie Artischocken nie in Aluminium- oder Eisengefässen zu, da sich die Distelknospen sonst verfärben und statt appetitlich grün oder violett unansehnlich grau aussehen. Ausserdem nehmen die Früchte gern den Metallgeschmack an genauso wie von Konservendosen.

Passende Kräuter und Würzzutaten

Rosmarin, Thymian, Petersilie, Schnittlauch, Basilikum, Kerbel, Knoblauch und Schalotten harmonieren erfahrungsgemäss ganz wunderbar mit Artischockengerichten. Das heisst aber nicht, dass Sie nicht ruhig auch mal mit anderen Aromen experimentieren sollten. Vielleicht entstehen so noch ganz neue und reizvolle Kreationen.

Die Qualität der Zutaten

Das entscheidende Kriterium ist für mich immer die vollwertige Qualität: frisch, wenn möglich aus regionaler Quelle, naturbelassen und vorzugsweise aus naturgemässem Anbau beziehungsweise aus artgerechter Haltung.

Nur einige Beispiele: Olivenöl, wie die Artischocke ein traditionelles Produkt mittelmeerischer Esskultur, harmoniert allein schon aufgrund der gemeinsamen Herkunft sehr gut mit den Distelknospen. Entscheidend ist dabei allerdings, dass es sich um ein kaltgepresstes Öl aus erster Pressung, also mit dem Prädikat «extra vergine», aus handgepflückten Früchten und mit möglichst niedrigem Säuregehalt handelt.

Käse, ob zum Gratinieren, im Soufflé oder über Pasta gestreut, verleiht nur, wenn er frisch gerieben und natürlich von guter Qualität ist, einem Gericht den letzten Pfiff (sonst sollten Sie ihn lieber ganz weglassen).

Brotbrösel sind nicht gleich Brotbrösel. Verwenden Sie nur eigenhändig und frisch geriebene Brösel aus hart gewordenen Brötchen oder aus übrig gebliebenem Weissbrot.

Lagern

Natürlich sollten Sie die Artischocken so frisch wie nur möglich zubereiten. Im Kühlschrank, verpackt in feuchte Tücher, halten sie sich je nach Frischegrad beim Erwerb noch etwa 3 Tage.

Gekochte Artischocken sind – ebenso wie ihr Kochsud (siehe Tipp Seite 38) – leicht verderblich und sollten auch im Kühlschrank nicht länger als einen Tag aufbewahrt werden.

Konservieren
Artischockenherzen lassen sich gut in Öl oder Essig einlegen und so einige Zeit konservieren (siehe Rezepte Seite 89, 90, 91). Von eingelegten Artischockenherzen oder -böden aus der Dose lassen Sie besser die Finger, Fertigprodukte in Gläsern dagegen können durchaus von akzeptabler bis guter Qualität sein.Gekochte Artischockenherzen können als Vorrat – ebenso wie der Sud – auch eingefroren werden und halten sich tiefgekühlt etwa ein halbes Jahr.

Endivien-Radicchio-Salat mit Artischockenherzen

4 zarte kleine Frühlingsartischocken, küchenfertig vorbereitet und geachtelt, oder 4 grosse, frisch gekochte Artischockenböden, zerteilt
Meersalz
1 Zitrone, Saft

Marinade:
100 g Sauerrahm
½ TL frisch geriebener Meerrettich
1–2 Knoblauchzehen, gepresst (fakultativ)
4 EL gutes, neutral schmeckendes Öl
1 EL Ahornsirup
Pfeffer aus der Mühle

100 g zarte gelbe Endivienblätter oder Eisbergsalat je nach Saison
100 g Radicchioblätter
1 Bund Frühlingszwiebeln, in Röllchen geschnitten

■ Die Artischocken von stachligen Spitzen und den äusseren, harten Blättern befreien (nur das wirklich zarte Innere verwenden!), die Stiele schälen, die Artischocken achteln, wenn nötig das Heu entfernen. Die Artischocken in reichlich kochendem, leicht gesalzenem Wasser mit dem Zitronensaft kurz blanchieren, abgiessen und abtropfen lassen, dabei das Kochwasser auffangen.
■ Aus dem Sauerrahm, 4 EL Kochwasser und den restlichen angegebenen Zutaten eine Marinade aufschlagen, abschmecken und eventuell mit Zitrone und Salz nachwürzen.
■ Die Salatblätter in einer grossen Schüssel mit den Artischocken oder den Artischockenböden und den Frühlingszwiebelröllchen mischen, die Marinade unterziehen und den Salat vor dem Auftragen noch ein Weilchen durchziehen lassen.

Artischocken-Apfel-Salat mit blauen Trauben

6–8 Artischockenherzen (je nach Grösse), küchenfertig vorbereitet
1 unbehandelte Zitrone, Saft
3 mittelgrosse säuerliche Äpfel mit Schale (möglichst Bioqualität)
2 EL Haselnussmus
75 g Naturjoghurt
1 TL Honig
Meersalz und Pfeffer aus der Mühle
1 Rispe blaue Trauben, halbiert, entkernt

■ Die Artischockenböden freilegen, grob raffeln und mit 1 Esslöffel Zitronensaft beträufeln. Die Äpfel gründlich waschen, ebenfalls grob raffeln und mit einem weiteren Esslöffel Zitronensaft beträufeln.
■ Aus Nussmus, Joghurt, Honig, dem restlichen Zitronensaft sowie Salz und Pfeffer eine Marinade aufschlagen.
■ Die geraspelten Artischocken und Äpfel gut mischen, die Marinade darunter ziehen und den Salat mit den Trauben garnieren.

Lauwarmer Salat von jungen Artischocken mit Randen

8 sehr kleine Randen (Rote Beten), sauber gebürstet
½ TL Kümmelsamen
Meersalz
4 zarte kleine Frühlingsartischocken mit Stiel, küchenfertig vorbereitet
1–2 unbehandelte Zitronen, Saft
4 EL kaltgepresstes Olivenöl
2–3 Frühlingszwiebeln, in fingerdicke Scheiben geschnitten
1 Msp. gemahlener Kreuzkümmel (Cumin)
200 g dekorative Salatblätter nach Saison
frische Kräuter nach Geschmack (Petersilie, Schnittlauch, Thymian, Minze, Dill), fein gehackt

■ Die Randen in Wasser mit den Kümmelsamen und 1 Prise Salz weich kochen, abgiessen, abschrecken und die Schale abziehen.
■ Die Artischocken je nach Grösse halbieren oder vierteln und wenn nötig das Heu vom Boden kratzen. Den Stiel schälen und alles mit der Hälfte des Zitronensafts beträufeln.
■ 2 EL Öl in einer Pfanne erhitzen, die Artischocken darin anbraten. Die Frühlingszwiebeln dazugeben und alles zusammen einige Minuten unter Rühren braten, anschliessend mit Salz und Kreuzkümmel würzen.
■ Die Salatblätter auf Tellern verteilen. Die Artischocken und Frühlingszwiebeln darauf anrichten, die Randen halbieren oder vierteln und dazulegen, alles mit dem restlichen Zitronensaft und Öl beträufeln und mit gehackten Kräutern bestreuen.

Gekochte Artischocken – der Klassiker

4 grosse oder 8 kleinere Artischocken
1 Zitrone, Saft
Meersalz

■ Die Artischocken gründlich waschen. Die Stiele möglichst ausbrechen, um zugleich die holzigen Fäden aus dem Boden herauszuziehen, oder mit einem scharfen Messer abschneiden. Das obere Drittel der Knospen mit einem grossen Sägemesser wegschneiden, die übrigen Blätter mit der Küchenschere ebenfalls um ein Drittel kürzen. Die Böden glatt schneiden, damit die Artischocken gerade stehen. Alle Schnittflächen sofort mit Zitronensaft einreiben.
■ In einem grossen Topf (für Artischocken kein Aluminium verwenden!) genügend Wasser mit Salz und dem restlichen Zitronensaft aufkochen und die Artischocken im Ganzen darin 30–40 Minuten (je nach Grösse) gar köcheln. Sie sind weich, wenn sich die äusseren Blätter leicht herausziehen lassen.
■ Die Artischocken kopfüber in einem Sieb abtropfen lassen, aufrecht auf vorgewärmte Teller stellen und mit einer warmen oder kalten Sauce geniessen. Dazu löst man die Blätter, von unten beginnend, nacheinander ab, tunkt das fleischige Ende in die Sauce und streift es anschliessend mit den Zähnen ab. Die zarten inneren Blätter können ganz verzehrt werden, während das so genannte Heu im Inneren entfernt wird, damit man sich ungehindert dem Genuss des zarten Artischockenbodens widmen kann.

Lauwarmer Salat von jungen Artischocken mit Randen ▶

Tipps:
Für diese Vorspeise eignen sich besonders gut dicke grüne oder kugelige rote, jedenfalls Sorten mit vielen fleischigen Blättern (siehe Seite 13).

Auf diese Weise zubereitete Artischocken kann man heiss oder kalt essen. Ich persönlich bevorzuge sie heiss, weil das typische Aroma so noch mehr zur Geltung kommt. Ganz klassisch und unverfälscht ist der Genuss, wenn Sie einfach zerlassene Butter, Zitronenbutter oder eine Mischung aus Olivenöl und Zitronensaft über die Artischocken giessen.

Vinaigrette mit verschiedensten frischen Kräutern, einfallsreiche Mayonnaisevariationen, Sauce Hollandaise oder Zitronencreme (siehe Seite 37) kommen ebenfalls immer gut an. Pfiffige neue Dips finden Sie auf Seite 87 ff.

Artischocken-Tomaten-Salat mit Parmaschinken

4 zarte kleine Frühlingsartischocken, küchenfertig vorbereitet
½ unbehandelte Zitrone, halbiert
4 grosse feste Tomaten, geachtelt, Stielansatz entfernt
2 EL Balsamicoessig
Meersalz, Pfeffer aus der Mühle
4 EL kaltgepresstes Olivenöl
Schnittlauch, in Röllchen geschnitten
frische Basilikumblätter nach Geschmack
8 Scheiben Parmaschinken
8 Grissini

- Die Artischocken von stachligen Spitzen und den äusseren, harten Blättern befreien (nur das wirklich zarte Innere verwenden!). Die Stiele schälen, die Artischocken achteln, wenn nötig das Heu entfernen und die Artischocken sofort mit Zitrone einreiben oder mit deren Saft beträufeln.
- Die Tomaten zusammen mit den Artischocken auf einer grossen Platte anrichten.
- Essig, Salz, Pfeffer und Olivenöl zu einer Marinade aufschlagen und über das Gemüse giessen. Den Salat mit Schnittlauch und Basilikum garnieren.
- Die Schinkenscheiben dekorativ um die Grissini rollen und zum Salat reichen.

Artischocken-Topinambur-Carpaccio mit Ananasmarinade

6–8 Artischockenherzen (je nach Grösse), küchenfertig vorbereitet
½ Zitrone, Saft
6 mittelgrosse Topinamburknollen, gründlich gebürstet
Meersalz, Pfeffer aus der Mühle
4 EL frischer Ananassaft
1 Bund Schnittlauch, in Röllchen, oder 1 mittelgrosse rote Zwiebel, in feine Halbmonde geschnitten
kaltgepresstes Sonnenblumenöl

■ Die Artischockenböden freilegen, dabei die zarten inneren Blütenblätter aufbewahren. Die Böden in feine Scheiben hobeln und mit der Hälfte des Zitronensafts beträufeln.
■ Die Topinamburknollen dünn schälen oder ungeschält (schwerer verdaulich!) längs halbieren, ebenfalls in hauchdünne Scheiben hobeln und mit dem restlichen Zitronensaft beträufeln.
■ Die Artischocken- und Topinamburscheiben auf einer Platte anrichten, mit den zarten Blütenblättern garnieren, salzen, pfeffern, den Ananassaft gleichmässig darauf verteilen und kurz marinieren lassen.
■ Anschliessend mit Schnittlauchröllchen oder Zwiebelscheiben bestreuen. Vor dem Verzehr jede Portion mit etwas Sonnenblumenöl beträufeln, damit die fettlöslichen Vitamine aufgeschlossen werden können.

Gut zu wissen:
Topinambur, auch als Erdartischocke oder Jerusalemartischocke bekannt, ist die Knolle einer Sonnenblumenart, die auch in unseren Breiten problemlos wächst und unseren Speisezettel bereichert. Die Topinamburknolle ist sehr aromatisch, besonders natriumarm, dafür reich an Mineralien und Vitaminen. Für Diabetiker ist sie ein wahrer Schatz, da sie als Stärke das Kohlehydrat Inulin enthält, das nicht den Broteinheiten angerechnet zu werden braucht.

Artischockenböden mit Sardellen und Ei auf Rucola

200 g Rucola (Rauke)
8 Artischockenherzen, küchenfertig vorbereitet
3 EL Zitronensaft
4 hart gekochte Eier, geschält
eingelegte Sardellenfilets (Anchovis) nach Geschmack, abgespült
1 TL Dijonsenf
Meersalz, Pfeffer aus der Mühle
4 EL kaltgepresstes Olivenöl
1 Hand voll Bärlauchblätter

■ Die Rucolablätter auf vier Teller verteilen.
■ Die Artischockenböden freilegen, die zarten Blütenblätter zur Seite legen, die Böden in feine Streifen schneiden, sofort mit 1 EL Zitronensaft beträufeln und zusammen mit den zarten Blütenblättern auf dem Salatbett verteilen.

■ Die Eier in Scheiben oder Längsviertel schneiden und ebenfalls auf dem Salat anrichten. Die Sardellenfilets auf den Eiern, nach Geschmack auch auf den Salatblättern verteilen.

■ Aus Senf, Salz, Pfeffer, Olivenöl und dem restlichen Zitronensaft eine Marinade aufschlagen und über den Salat verteilen. Die Bärlauchblätter in feine Streifen schneiden und den Salat damit garnieren.

Artischocken auf römische Art

8 junge zarte Artischocken, küchenfertig vorbereitet
1 Zitrone, Saft
Salz, Pfeffer aus der Mühle
kaltgepresstes Olivenöl

Füllung:
glatte Petersilie, fein gehackt
frische Pfefferminzblätter, fein gehackt
2 Knoblauchzehen, fein gehackt
Salz, Pfeffer aus der Mühle
eventuell 1–2 EL Brotbrösel
Sardellenfilets (Anchovis), fein gehackt (fakultativ)

■ Die Artischocken grosszügig von allem befreien, was hart, trocken oder stachelig ist. Die Stiele auf maximal vier Zentimeter kürzen und schälen. Die Blätter vorsichtig auseinander biegen und wenn nötig das Heu entfernen. Die vorbereiteten Artischocken in Zitronenwasser legen.

■ Die Zutaten zur Füllung zu einer Paste mischen und diese in die Artischockenknospen drücken. Die Artischocken mit Salz und Pfeffer einreiben.

■ In eine möglichst hohe feuerfeste Form etwa 3 Zentimeter hoch Olivenöl giessen, erhitzen und die gefüllten Artischocken kopfüber, also Stiel nach oben, nebeneinander hineinlegen. So viel heisses Wasser dazugiessen, dass die Artischocken halb bedeckt sind. Zugedeckt etwa 45 Minuten im Ofen schmoren, bis die Flüssigkeit nahezu aufgesogen ist.

Tipp:
Dieses Leibgericht der Römer – Carciofi alla romana – schmeckt als warme wie als kalte Vorspeise gleichermassen köstlich. Versuchen Sie beim ersten Mal die Füllung ohne Sardellen (Anchovis), und probieren Sie die Variante mit Sardellen vielleicht beim nächsten Mal aus.

Warmer Kartoffelsalat mit Artischockenherzen auf Salat

400 g kleine Salatkartoffeln, gründlich gebürstet
4 zarte kleine oder 2 grössere Artischocken, küchenfertig vorbereitet
½ Zitrone, Saft
2 mittelgrosse Schalotten, fein gehackt
5 EL kaltgepresstes Olivenöl
3 EL Apfelessig
½ TL mittelscharfer Senf
Meersalz, Pfeffer aus der Mühle
100 g grüner oder roter Asiasalat (Pflücksalatsorte) oder andere würzige Salatblätter
Kapernbeeren oder Radieschen nach Geschmack

■ Die Kartoffeln in der Schale weich kochen.

■ Die Artischocken von harten und trockenen Blättern befreien (nur das wirklich zarte Innere verwenden!), die Artischockenherzen achteln, wenn nötig das Heu entfernen und die Artischocken sofort in Zitronenwasser legen.

■ Die Schalotten in 1 EL Öl anschwitzen und zart bräunen.

■ Die Kartoffeln schälen, in nicht zu dünne Scheiben schneiden und in einer Schüssel mit den gebratenen Schalotten mischen.

■ Die Artischockenherzen in feine Streifen schneiden, kurz (etwa 5 Minuten) in kochendem Salzwasser blanchieren, abgiessen und zu den Kartoffeln geben.

■ Das restliche Öl mit Essig, Senf und Gewürzen zu einer Marinade aufschlagen, über das Gemüse geben und alles gut mischen. Den Salat anschliessend noch mindestens 15 Minuten durchziehen lassen, dabei die Schüssel in ein heisses Wasserbad stellen, um ihn warm zu halten.

■ Die Salatblätter auf vier grosse Teller verteilen. Das warme Kartoffel-Artischocken-Gemüse darauf anrichten und vor dem Auftragen nach Belieben mit Kapernbeeren oder dünn gehobelten Radieschen verfeinern.

Warmer Kartoffelsalat mit Artischockenherzen auf Salat ▶

Artischockenomelett

3 zarte, junge Frühlingsartischocken oder 2 grössere Artischockenherzen, küchenfertig vorbereitet
½ unbehandelte Zitrone
4 EL kaltgepresstes Olivenöl
2 EL Butter
1 Bund Frühlingszwiebeln, in Scheiben geschnitten
Salz, Pfeffer aus der Mühle
6 Eier
4 EL Milch

■ Die Artischocken von allen harten, trockenen und stachligen Teilen befreien, wenn nötig das Heu herausschaben, kleine Artischocken achteln, grosse noch kleiner zerteilen und die Schnittflächen sofort mit Zitronensaft einreiben.
■ Den Backofen auf kleinster Hitze vorheizen und eine Platte vorwärmen.
■ 2 EL Öl und 1 EL Butter in einer Pfanne heiss werden lassen, die Frühlingszwiebeln und die Artischocken dazugeben, salzen, pfeffern und etwa 10 Minuten unter gelegentlichem Rühren sanft braten.
■ In der Zwischenzeit die Eier mit der Milch verquirlen und mit Salz und Pfeffer würzen.
■ Die Hälfte des Gemüses aus der Pfanne nehmen und bereithalten. Die Hälfte der Eiermilch über das Gemüse in der Pfanne giessen und mehrfach mit einer Gabel auflockern. Ist das Ei an der Oberfläche gestockt, das Omelett vorsichtig vom Rand lösen, zusammenklappen und auf einer vorgewärmten Platte im Backofen warm stellen.
■ Das restliche Fett erhitzen und aus der anderen Hälfte der Zutaten ein zweites Omelett zubereiten. Zum Servieren die beiden zusammengeklappten Omeletts jeweils halbieren und auf vier Teller verteilen.

Artischockensoufflé

Für 6 Portionsförmchen

500 g grosse Artischockenherzen, küchenfertig vorbereitet
½ Zitrone, Saft
Meersalz
1 Lorbeerblatt
4 Schalotten, fein gehackt
1 EL Butter sowie Butter für die Förmchen
2 Knoblauchzehen
1 EL frische Rosmarinnadeln

Sauce:
4 EL Butter
3 EL Mehl
¼ l Milch
2 EL Rahm
4 Eier, getrennt
Salz, weisser Pfeffer aus der Mühle
1 unbehandelte Zitrone, abgeriebene Schale
50 g Bergkäse (Appenzeller, Emmentaler, Greyerzer), fein gerieben

■ Die Artischockenherzen von allen harten, trockenen und stachligen Teilen befreien (nur das wirklich zarte Innere verwenden!), das Heu entfernen, die Schnittflächen sofort mit Zitrone einreiben. Die Artischockenherzen mit Wasser bedeckt zum Kochen bringen,

Salz und Lorbeerblatt hinzufügen und weich kochen.

■ Die Schalotten in Butter anschwitzen. Die Knoblauchzehen dazupressen und ganz leicht anbräunen. Die Rosmarinnadeln beifügen.

■ Sobald die Artischocken weich gekocht sind, abgiessen, gut abtropfen lassen, klein schneiden, zu Schalotten und Knoblauch in die Pfanne geben und 2 Minuten mitdünsten, dann alles pürieren und bereithalten.

■ Für die Sauce Butter und Mehl hell anschwitzen, die Milch nach und nach unter ständigem Rühren mit dem Schneebesen hinzufügen und alles etwa 10 Minuten bei niedriger Hitze unter Rühren köcheln lassen (wenn die Sauce zu dick gerät, noch etwas Milch oder Kochflüssigkeit zugiessen).

■ Die Sauce vom Herd nehmen, zunächst den Rahm, dann die Eigelbe unterrühren, mit Salz, Pfeffer und Zitronenschale kräftig abschmecken und zum Schluss den Käse darunter ziehen. Das Artischockenpüree unter die Béchamelsauce ziehen. Die Eiweisse steif schlagen und vorsichtig unter das Artischockenmus ziehen.

■ Sechs Portionsförmchen gut buttern, die luftige Masse in die Förmchen verteilen, glatt streichen und auf der untersten Rille des Backofens bei 190 Grad 20–25 Minuten backen, bis die Soufflés aufgegangen und leicht gebräunt sind.

Tipp:
Das Entscheidende beim Zubereiten von Soufflés ist das gefühlvolle Einarbeiten des Eischnees. Sie tun sich leichter, wenn Sie zunächst höchstens ein Drittel davon mit dem Schneebesen unterrühren und dann erst den grösseren Teil vorsichtig mit einem Holzspatel unterheben. Die Souffléformen sollten immer nur zu zwei Dritteln gefüllt werden, damit das Soufflé beim Aufgehen nicht aus der Form läuft.

Linsensalat mit Artischockenherzen und Sprossen

2 EL Linsen oder Sprossenmischung mit Linsen, 3–4 Tage vorher zum Keimen angesetzt
1 mittelgrosse mehlig kochende Kartoffel
200 g grüne Linsen, gewaschen
2 kleine junge Artischocken, küchenfertig vorbereitet
½ Zitrone, Saft
1 mittelgrosse rote Zwiebel, fein gehackt
5 EL kaltgepresstes Olivenöl
Salz, Pfeffer aus der Mühle
1 TL Dijonsenf
2–3 EL Apfelessig

■ Die Kartoffel in der Schale weich kochen.
■ Die Linsen in reichlich ungesalzenem (!) Wasser in maximal 20 Minuten bissfest köcheln.
■ Währenddessen die Artischocken von allen harten, trockenen und stachligen Teilen befreien, achteln, wenn nötig das Heu entfernen und die Artischocken sofort mit Zitronensaft beträufeln. Die Zwiebel in 1 EL Öl anbraten, die Artischocken hinzugeben und unter Rühren mit anbraten, salzen, pfeffern und etwa 10 Minuten zugedeckt leise schmoren lassen, eventuell etwas heisses Wasser dazugiessen.
■ Die Linsen, sobald sie bissfest gegart sind, abgiessen, dabei etwas Kochwasser auffangen.
■ Aus Senf, Essig, dem restlichen Öl, Salz und Pfeffer eine Marinade aufschlagen.
■ Die gekochte Kartoffel schälen, fein zerdrücken, unter die Marinade rühren und noch so viel Kochwasser hinzufügen, dass eine dickflüssige Sauce entsteht.
■ Die Linsen auf eine grosse Platte geben, mit den Artischocken mischen, die Salatsauce abschmecken und darüber giessen, alles noch einmal vorsichtig mischen und 30 Minuten durchziehen lassen. Vor dem Auftragen die Sprossen über den Salat verteilen.

Tipp:
An Salat machen sich besonders gut die kleinen grünen Puylinsen. Sie haben ein nussiges Aroma und bleiben (sofern sie nicht zu lange gekocht wurden) nach dem Garen bissfest.

Linsensalat mit Artischockenherzen und Sprossen ▶

Carpaccio vom Rind mit Artischockenböden und Pecorino

250 g schön marmoriertes Rindsfilet von bester Qualität
8 zarte Babyartischocken, Böden küchenfertig vorbereitet
Meersalz
2 EL frisch gepresster Zitronensaft
5 EL kaltgepresstes Olivenöl
100 g würziger Pecorino (z.B. Pecorino sardo)
Pfeffer aus der Mühle

■ Das Fleisch etwa eine halbe Stunde anfrieren lassen, dann in hauchdünne Scheiben schneiden und diese mit einem Messer noch dünner ausstreichen. Die rohen Rindfleischscheiben jeweils in einer Schicht schuppenartig auf vier grosse Teller verteilen und etwas an der Luft stehen lassen, damit das Fleisch Farbe und Aroma annimmt.
■ Die rohen Artischockenböden sehr fein hobeln, über das Fleisch verteilen und alles behutsam salzen. Den Zitronensaft mit dem Öl verrühren und gleichmässig über die vier Portionen träufeln.
■ Den Käse hauchdünn hobeln, über das Carpaccio streuen und jeweils eine Runde Pfeffer darüber mahlen.

Tipp:
Falls Sie grosse Artischocken haben, kochen Sie die Herzen zuerst, bevor Sie dann die Böden freilegen und fein schneiden, oder nehmen Sie selbst eingelegte Artischockenherzen (Rezept Seite 89).

Carpaccio vom Schwertfisch mit Artischockenherzen

2 zarte kleine Frühlingsartischocken, küchenfertig vorbereitet
1 Zitrone, Saft
300 g fangfrischer Schwertfisch, vom Fischhändler filetiert und hauchdünn aufgeschnitten
Meersalz, weisser Pfeffer aus der Mühle
2 Schalotten, sehr fein gehackt
1 EL Weissweinessig
3 EL fruchtiger, leichter Weisswein
4 EL kaltgepresstes Olivenöl

■ Die Artischocken von allen harten, trockenen und stachligen Teilen befreien (nur das wirklich zarte Innere verwenden!), achteln und sofort in Zitronenwasser (Saft von ½ Zitrone) legen.
■ Zu dicke Fischscheiben zwischen Küchenfolie legen und mit dem Teigroller behutsam flach rollen.
■ Die Schwertfischscheiben schuppenartig überlappend jeweils auf die eine Hälfte von vier grossen Tellern legen, salzen und pfeffern. Die Artischockenherzen auf den anderen Tellerhälften anrichten, mit den Schalotten bestreuen und ebenfalls salzen und pfeffern.
■ Aus 3 EL Zitronensaft, Essig, Wein und Öl eine Marinade aufschlagen, über den Fisch und die Artischocken verteilen.

Artischocken auf jüdische Art

Alioli:
3 grosse Knoblauchzehen
½ TL grobes Meersalz
1–2 Eigelb
etwa 175 ml kaltgepresstes Olivenöl
Zitronensaft nach Geschmack

8 junge, zarte Babyartischocken, küchenfertig vorbereitet
½ unbehandelte Zitrone
Fett zum Ausbacken (z.B. ungehärtetes Kokosfett, kaltgepresstes Oliven- oder Rapsöl)

■ Für die Aliolisauce den Knoblauch schälen, grob hacken und mit dem Salz im Mörser zu einer feinen Paste zerstampfen. Anschliessend das Eigelb dazugeben und zum Schluss das Öl unter ständigem Rühren zunächst tropfenweise, dann in dünnem Strahl einarbeiten (eventuell brauchen Sie mehr Öl, die Sauce soll eine cremige Konsistenz haben). Nach Belieben mit etwas Zitronensaft abschmecken und bis zum Servieren kalt stellen.
■ Die Artischocken von allen harten, trockenen und stachligen Teilen befreien, die Blätter kräftig auseinander drücken, so dass sie wie Chrysanthemenblüten anmuten. Sofort alle Schnittstellen mit Zitrone einreiben und die Knospen auf Haushaltpapier abtropfen lassen.
■ Das Fett in einem hohen Gefäss oder in der Fritteuse stark erhitzen. Die Artischocken gründlich trockentupfen und im heissen Fett ausbacken, dabei wenden, damit sie rundherum knusprig werden.
■ Die golden gebräunten frittierten Blüten aus dem Fett heben und zum Abtropfen kurz auf Haushaltpapier legen. Zu den heissen Artischocken reichen Sie die vorbereitete Knoblauchsauce.

Gut zu wissen:
Dieses traditionelle Gericht – «Carciofi alla giudia» – soll auf das alte jüdische Ghetto in Rom zurückgehen. Alioli ist die spanische Variante der rund ums Mittelmeer beliebten Knoblauchsauce. In ihrer ursprünglichen Form besteht sie nur aus Knoblauch, Olivenöl und einem Hauch Salz, was aber einen sehr geübten (und zeitintensiven) Umgang mit dem Mörser bedingt.

Tipp:
Zum Frittieren eignet sich nach meiner Erfahrung sehr gut ein Wok, der überhaupt ein Universalkochgerät ist. Mir gelingen darin zum Beispiel auch hervorragende Risotti. Das Fett zum Ausbacken sollte einen hohen Siedepunkt haben und auf ungefähr 180 Grad erhitzt werden, sonst saugt sich das Gemüse mit Fett voll und wird dadurch sehr schwer verdaulich (für eine Leber-Galle-Diät ist dieses Gericht allerdings sowieso denkbar ungeeignet).

Bunte Artischockensuppe mit Gemüse

2 grosse Artischockenherzen, küchenfertig vorbereitet
½ unbehandelte Zitrone
1 Fenchelknolle
2 Karotten
½ kleine Sellerieknolle
oder 2–3 zarte Selleriestangen mit Grün
2 halbmehlig kochende Kartoffeln
2 EL Butter
1 grosse rote Zwiebel, grob gehackt
1 Lorbeerblatt
800 ml heisses Wasser
1 TL Meersalz
einige Pfefferkörner
frische Thymianzweiglein
glatte Petersilie, gehackt

■ Die Artischockenherzen freilegen, vierteln, das Heu entfernen und die Schnittflächen sofort mit Zitrone einreiben. Die Suppengemüse vorbereiten und in Stücke in etwa der Grösse der Artischockenviertel schneiden.

■ Die Butter schmelzen und die Zwiebel darin anschwitzen. Nach und nach die anderen Gemüse und das Lorbeerblatt dazugeben. Mit dem heissen Wasser ablöschen, salzen, die Pfefferkörner hinzufügen und alles etwa 30 Minuten zugedeckt sehr sanft köcheln lassen.

■ Während der letzten 10 Minuten ein paar Thymianzweiglein einlegen, die vor dem Servieren wieder entfernt werden. Die Suppe mit frisch gehackter Petersilie abrunden.

Variationen:
Für eine sättigende Suppenmahlzeit erhöhen Sie die Flüssigkeitsmenge auf 1 l und fügen 60 g Rundkornreis bei, den Sie 30 Minuten mitkochen. Zum Verfeinern eignet sich auch frisch geriebener Parmesan, oder man kann die Suppe nach dem Kochen mit einem Ei binden.

Auch die Zitronencreme von Seite 37 passt ausgezeichnet zu dieser Suppe.

Klare Artischockensuppe mit Tofuklösschen

4 grosse fleischige Artischocken, küchenfertig vorbereitet
850 ml Hühnerbouillon

Tofuklösschen:
100 g Tofu
1 Knoblauchzehe
2 EL frisch gehackte Petersilie
1½ EL geriebene Mandeln
1½ EL geriebener Parmesan
1 Eigelb
3 EL Maismehl
Meersalz, weisser Pfeffer aus der Mühle
½ unbehandelte Zitrone, Saft und abgeriebene Schale

glatte Petersilie, gehackt

■ Die Artischockenherzen freilegen und zusammen mit den zuvor entfernten Blättern (bis auf die äusseren, harten und die Spitzen) in der Hühnerbouillon aufkochen. Frische und saftige Stiele können Sie schälen,

Bunte Artischockensuppe mit Gemüse ▶

in Stücke schneiden und ebenfalls mit auskochen. Alles bei kleiner Hitze etwa 30 Minuten köcheln lassen.

■ In der Zwischenzeit die Klösschen zubereiten: Den Tofu mit der Gabel zerdrücken, den Knoblauch dazupressen, die Petersilie zusammen mit den übrigen Zutaten dazugeben und zu einem Teig kneten, der mit Salz, Pfeffer und Zitrone abgeschmeckt wird. Falls der Teig zu weich gerät, können Sie ihm durch weitere Zugabe von etwas Mehl und Parmesan zur richtigen Konsistenz verhelfen.

■ Das Gemüse mit der Schaumkelle aus dem Sud heben oder die Suppe abgiessen; die Artischockenherzen zurückbehalten und für ein anderes Gericht verwenden.

■ Mit einem in Wasser getauchten Teelöffel walnussgrosse Klösschen von der Tofumasse abstechen und 10 Minuten in der leise simmernden Suppe gar ziehen lassen. Vor dem Servieren mit frisch gehackter Petersilie bestreuen.

Tipp:
Wenn Sie in diesem Buch blättern, finden Sie für die weich gekochten Artischockenherzen zahlreiche weitere Verwendungsmöglichkeiten.

Artischocken-Kartoffel-Suppe mit Dinkelcroûtons

4 grosse Artischocken, küchenfertig vorbereitet
1 unbehandelte Zitrone
4 kleine mehlig kochende Kartoffeln, geschält, halbiert
1 Gemüsezwiebel, geschält, geachtelt
800 ml Gemüsebouillon
1 Lorbeerblatt
Meersalz, Pfeffer aus der Mühle
4 EL Rahm oder Crème fraîche
Schnittlauch nach Geschmack, in feine Röllchen geschnitten

1 EL Butter
2 Scheiben Dinkelvollkornbrot, gewürfelt
1 Knoblauchzehe (fakultativ)

■ Die Artischockenherzen freilegen, vierteln, das Heu entfernen und die Schnittflächen sofort mit Zitrone einreiben.

■ Alle Gemüse in der Bouillon aufkochen, das Lorbeerblatt, Salz und Pfeffer hinzufügen und zugedeckt 30 Minuten köcheln lassen.

■ Den Topf vom Herd nehmen, das Lorbeerblatt entfernen und die Suppe pürieren (eventuell noch etwas heisse Flüssigkeit hinzufügen). Abschmecken, mit dem Rahm und etwas Zitronensaft verfeinern und warm halten, aber nicht mehr kochen. Vor dem Servieren den Schnittlauch über die Suppe streuen.

■ Die Butter schmelzen und die Brotwürfel darin bei kleiner Hitze unter Wenden vorsichtig rösten. Nach Belieben den Knoblauch dazupressen, unterrühren und kurz mit anrösten. Die Brotcroûtons auf die Suppenportionen verteilen und sofort servieren.

Artischocken-Zitronencremesuppe mit Fleischklösschen

2 grössere Artischockenherzen, küchenfertig vorbereitet
2½ Zitronen, Saft
1 Gemüsezwiebel, geschält, grob gehackt
850 ml Wasser oder Gemüsebouillon
1 Lorbeerblatt
Meersalz, Pfeffer aus der Mühle

Fleischklösschen:
100 g Lamm- oder Kalbshackfleisch
1 Knoblauchzehe, gepresst
2 EL frisch geriebener Parmesan
3 EL Brotbrösel
1 Ei
Meersalz, Pfeffer aus der Mühle
1 Msp. Cayennepfeffer
1 EL fein gehackte glatte Petersilie

2 Eier
1 EL Maisstärke, in etwas Wasser aufgelöst
glatte Petersilie, gehackt

■ Die Artischockenherzen achteln, das Heu entfernen und die Herzen sofort in Wasser mit dem Saft einer halben Zitrone legen.
■ Artischocken und Zwiebel in einen Suppentopf geben, mit der Flüssigkeit begiessen und aufkochen. Lorbeerblatt, Salz und Pfeffer hinzufügen und etwa 30 Minuten köcheln lassen, bis die Artischocken weich sind.
■ In der Zwischenzeit für die Klösschen die angegebenen Zutaten gut vermengen, pikant abschmecken und mit nassen Händen daraus kleine Fleischklösschen (etwa 2 cm Durchmesser) formen. Die Klösschen für die letzten 5 Minuten Kochzeit in die Suppe geben und mitköcheln lassen.
■ Die Eier mit einer Gabel etwas aufschlagen, den restlichen Zitronensaft (von 2 Zitronen) und die Stärke dazugeben und mit einem kleinen Schneebesen weiterschlagen, bis die Konsistenz cremig ist.
■ Die Suppe vom Herd nehmen, nacheinander zwei bis drei kleine Kellen Suppe zur Eimischung geben und jeweils etwa 1 Minute weiterschlagen. Anschliessend die Eimischung schnell und kräftig in die etwas abgekühlte Suppe einrühren und diese vorsichtig noch einmal erwärmen, aber nicht mehr aufkochen! Die Suppe anrichten, mit gehackter Petersilie bestreuen und sofort servieren.

Tipp:
Die eingerührte Maisstärke ist ein Muss, da sie die Eier zunächst vor dem Ausflocken bewahrt. Würde die Suppe oder die Eimischung wieder aufgekocht, liesse sich ein Ausflocken nicht mehr verhindern. Soll die Suppe nochmals erwärmt werden, muss dies daher sehr behutsam geschehen, damit das Ei nicht ausflockt.

Artischockencremesuppe mit Staudensellerie und Krabben

100 g gekochte und geschälte Nordseekrabben oder Shrimps (Crevetten) aus unbedenklicher Zucht, am besten Bioqualität
2 EL Butter
2 EL Mehl
800 ml Artischockensud (siehe Tipp)
weisser Pfeffer aus der Mühle
etwas Bouillonpulver (gekörnte Brühe)
3 EL Rahm
ein paar Spritzer Zitronensaft
2–3 zarte Selleriestangen mit Grün, in sehr feine Scheibchen geschnitten

■ Falls tiefgefroren, die Krabben oder Shrimps einige Stunden vorher im Kühlschrank langsam auftauen lassen.
■ Die Butter schmelzen, das Mehl einrühren und eine helle Mehlschwitze herstellen. Den Artischockensud nach und nach dazugiessen, dabei ständig mit dem Schneebesen kräftig rühren und den Sud aufkochen lassen. Bei schwacher Hitze unter gelegentlichem Rühren etwa 10 Minuten köcheln lassen.
■ Die Suppe vom Herd nehmen, mit Pfeffer, Bouillonpulver, Rahm und Zitronensaft abschmecken.
■ Die Krabben abspülen, trockentupfen und in der heissen, aber nicht mehr kochenden Suppe erwärmen. Den Sellerie zusammen mit ein paar sehr fein gehackten Blättern zur heissen Suppe geben.

Tipp:
Einen aromatischen Artischockensud können Sie leicht herstellen, indem Sie Artischockenblätter (bis auf die harten, äusseren) und frische, saftige Stiele (geschält), alles gründlich gewaschen, in Wasser mit Lorbeerblatt und/oder Thymian, Pfefferkörnern und Salz mindestens 45 Minuten auskochen. Dieser Sud ergibt eine hervorragende Grundlage für Suppen, Risotti usw.

Artischockensuppe mit Teigwaren

4 sehr junge, zarte Frühlingsartischocken (Babyartischocken), küchenfertig vorbereitet
½ Zitrone, Saft
1 EL kaltgepresstes Olivenöl
100 g Pancetta oder durchwachsener Bauchspeck, sehr fein gewürfelt
1 mittelgrosse Zwiebel, fein gehackt
1 Knoblauchzehe, fein gehackt
1 Selleriestange, fein gehackt
1–2 reife Tomaten, gehäutet, entkernt, gehackt, oder geschälte Tomaten aus der Dose
800 ml Hühner- oder Gemüsebouillon
Meersalz, Pfeffer aus der Mühle
150 g kleine italienische Suppennudeln
glatte Petersilie, samt Stielen gehackt
100 g frisch geriebener Pecorino

■ Die Artischocken von allen harten, trockenen und stachligen Teilen befreien (nur das wirklich zarte Innere verwenden!), die Stiele schälen, die Früchte samt Stiel vierteln und sofort in Zitronenwasser legen.
■ Das Öl erhitzen, den Speck darin ein paar Minuten auslassen (er sollte nicht braun

Artischockencremesuppe mit Staudensellerie und Krabben ▶

werden). Zwiebel und Knoblauch hinzufügen und kurz anbraten, dann folgen die Artischocken und der Sellerie. Zuletzt die Tomaten beifügen, mit der Bouillon ablöschen, salzen, pfeffern, alles zusammen aufkochen und etwa 30 Minuten köcheln lassen.

■ Die Nudeln und die Petersilie hinzufügen und die Suppe weiter köcheln lassen, bis die Nudeln gar sind. Je nach gewünschter Konsistenz noch heisse Flüssigkeit nachgiessen, abschmecken und die Suppe bei Tisch mit Käse bestreuen.

Artischockensuppe mit Dicken Bohnen und Erbsen

1,5 kg frische Dicke Bohnen in der Schote, ausgelöst, oder 500 g tiefgefrorene Dicke Bohnen
4 junge, zarte Frühlingsartischocken, küchenfertig vorbereitet
½ Zitrone, Saft
2 EL kaltgepresstes Olivenöl
1 grosse Zwiebel, grob gehackt
200 g frische enthülste Erbsen oder tiefgefrorene Erbsen
850 ml Wasser
Meersalz, Pfeffer aus der Mühle
frischer Dill nach Geschmack, gehackt
frisch geriebener Parmesan

■ Die Bohnen kurz in Salzwasser blanchieren. Anschliessend mit dem Daumennagel an der Naht einritzen und die ledrige Haut abziehen.

■ Die Artischocken von allen harten, trockenen und stachligen Teilen befreien (nur das wirklich zarte Innere verwenden!), die Stiele schälen, die Früchte samt Stiel vierteln und sofort in Zitronenwasser legen.

■ Das Öl erhitzen, zunächst die Zwiebel darin leicht anbräunen, dann Bohnen, Artischocken und Erbsen dazugeben und unter Rühren etwa 10 Minuten anschwitzen.

■ Das Wasser hinzufügen, salzen und pfeffern, die Suppe aufkochen und unter wiederholtem Umrühren etwa 1 Stunde bei kleiner Hitze leise köcheln lassen (eventuell noch etwas heisse Flüssigkeit zugiessen, damit nichts am Topfboden ansetzt), bis die Bohnen zerfallen und die Suppe eine sämige Konsistenz hat. In den letzten 5 Minuten den gehackten Dill mitziehen lassen. Den geriebenen Käse bei Tisch über die Suppe streuen.

Variationen:
Die frischen Bohnen können auch durch getrocknete Dicke Bohnenkerne ersetzt werden oder durch Limabohnen, die dann allerdings eingeweicht und vorgekocht sein müssen, bevor Sie die Suppe kochen. Am besten schmeckt diese «Frühlingssuppe» allerdings mit frischen Zutaten, die alle um die gleiche Jahreszeit reif und auf dem Markt zu haben sind.

Statt frischen Dill können Sie auch frischen Basilikum verwenden und den Parmesan durch Pecorino ersetzen.

Buntes Artischockengemüse

4 junge, zarte Frühlingsartischocken, küchenfertig vorbereitet
2½ Zitronen, Saft
300 g zarte Dicke-Bohnen-Schoten, Fäden abgezogen
300 g junge Karotten, Schale fein abgeschabt
300 g junge halbmehlig kochende Kartoffeln, gebürstet oder geschält, in grosse Würfel geschnitten
1 Fenchelknolle mit viel Grün, in Streifen geschnitten (das Grün beiseite legen)
4 EL kaltgepresstes Olivenöl
1 Bund Frühlingszwiebeln, samt Grün in Stücke geschnitten
Meersalz, Pfeffer aus der Mühle
2 Eier
1 EL Maisstärke, in etwas Wasser aufgelöst
frischer Dill nach Geschmack, gehackt

■ Die Artischocken von allen harten, trockenen und stachligen Teilen befreien (nur das wirklich zarte Innere verwenden!), die Stiele schälen, die Früchte samt Stiel vierteln und sofort in Wasser mit dem Saft einer halben Zitrone legen.

■ Sämtliches Gemüse bis auf die Frühlingszwiebeln 15 Minuten in etwa 1 Liter Salzwasser vorgaren. Das Gemüse abgiessen, dabei den Kochsud auffangen und zur Seite stellen.

■ Das Öl erhitzen und die Zwiebeln darin anschwitzen. Das vorgekochte Gemüse dazugeben und kurz mit anbraten. Gut ½ Liter Kochsud dazugiessen, salzen und pfeffern und etwa 15 Minuten leise köcheln lassen.

■ In der Zwischenzeit die Eier mit einer Gabel etwas aufschlagen, den restlichen Zitronensaft (von 2 Zitronen) und die Stärke dazugeben und mit einem kleinen Schneebesen weiterschlagen, bis die Masse cremig ist.

■ Das Gemüse vom Herd nehmen. Nacheinander zwei bis drei kleine Schöpflöffel Kochsud zur Eimischung geben und nach jedem Löffel etwa 1 Minute weiterschlagen. Anschliessend die Eimischung unter das Gemüse ziehen und dieses vorsichtig unter Rühren noch einmal erwärmen, bis die Sauce sämig ist, nicht mehr aufkochen! Mit frisch gehacktem Fenchelgrün und frisch gehacktem Dill abrunden.

Variationen:
Sie können die Kartoffeln weglassen und stattdessen ein Kartoffelpüree mit Knoblauch und Olivenöl zum Gemüseragout reichen. Statt Dill frischen Thymian oder Rosmarin nehmen. Diese Kräuter sollten dann allerdings die letzten 10 Minuten im Gemüse mitschmoren.

Artischocken-Kartoffel-Eintopf mit Lammfleisch

4 grosse Artischockenherzen, küchenfertig vorbereitet
½ unbehandelte Zitrone
500 g Lammschulter ohne Knochen, grob gewürfelt
3 EL kaltgepresstes Olivenöl
1–2 kleine frische ganze Knoblauchknollen
2 EL frische Rosmarinnadeln
500 g kleine neue Kartoffeln, halbmehlig kochend, geschält, grob gewürfelt oder geviertelt
Meersalz, Pfeffer aus der Mühle
etwa 500 ml Fleisch- oder Gemüsebouillon
glatte Petersilie nach Geschmack, gehackt

■ Die Artischockenherzen von allen harten, trockenen und stachligen Teilen befreien (nur das wirklich zarte Innere verwenden!), achteln, das Heu entfernen und die Schnittstellen sofort mit Zitrone einreiben.

■ Das Fleisch im heissen Öl unter Rühren anbräunen. Die Knoblauchknollen quer halbieren und mit anbraten. 1 EL Rosmarinnadeln und die Kartoffeln dazugeben und ebenfalls mitbraten. Schliesslich noch die Artischockenherzen hinzufügen, anbraten und alles salzen und pfeffern, bevor es mit so viel Bouillon abgelöscht wird, dass Fleisch und Gemüse gerade eben bedeckt sind. Die restlichen Rosmarinnadeln dazugeben und den Eintopf zugedeckt leise köcheln lassen, bis alles weich ist.

■ Vor dem Auftragen die halbierten Knoblauchknollen herausheben, die zu weichem Brei gekochten Knoblauchzehen aus den Knollen in den Eintopf drücken und gut umrühren. Das Ganze nach Belieben mit frisch gehackter Petersilie bestreuen.

Artischockeneintopf mit Sellerie und Kartoffeln

4 grosse Artischockenherzen, küchenfertig vorbereitet
½ Zitrone
3 EL kaltgepresstes Olivenöl
600 g mehlig kochende Kartoffeln, geschält, gewürfelt
1 kleine Sellerieknolle, geschält, gewürfelt, oder 2 Selleriestangen, in fingerdicke Scheiben geschnitten
500 ml Gemüse- oder Hühnerbouillon
Pfeffer aus der Mühle, Meersalz
1 EL frische oder getrocknete Schale von unbehandelten Zitronen, zerkleinert
4 Schalotten, in hauchdünne Ringe geschnitten
1 unbehandelte Zitrone, abgeriebene Schale
glatte Petersilie nach Geschmack, fein gehackt

■ Die Artischockenherzen von allen harten, trockenen und stachligen Teilen befreien (nur das wirklich zarte Innere verwenden!), achteln, das Heu entfernen und die Schnittstellen sofort mit Zitrone einreiben.

■ 2 EL Öl erhitzen und die Artischockenachtel 10 Minuten darin anbraten. Die Kartoffelwürfel und den Sellerie dazugeben, alles kurz mit anschwitzen, dann mit der Bouillon ablöschen, etwas Pfeffer darüber mahlen und die zerkleinerte Zitronenschale dazugeben. Das Gemüse in der Bouillon etwa 30 Minuten sanft köcheln lassen, bis es gar und gut weich ist (siehe Tipp).

■ Kurz vor Ende der Kochzeit die Schalotten im restlichen Öl leicht bräunen und zusammen mit der frischen abgeriebenen Zitronenschale zum Eintopf geben. Mit Salz und Pfeffer abschmecken und vor dem Auftragen die fein gehackte Petersilie darüber streuen.

Tipp:
Das Gemüse für einen Eintopf koche ich niemals «al dente» (bissfest) – auch wenn dies heute Mode ist und dadurch möglicherweise mehr Vitamine, Mineralien und Vitalstoffe erhalten bleiben –, sondern immer richtig weich. Ein Eintopf sollte eine sämige, sättigende, runde Sache sein, daher auch die Wahl der mehligen Kartoffeln. Apropos rund: Sie können diesen Eintopf zusätzlich mit Sauerrahm oder Crème fraîche abrunden.

Artischocken-Kartoffel-Gemüse mit Fenchel

6 junge, kleine Artischocken, küchenfertig vorbereitet
½ Zitrone, Saft
100 ml kaltgepresstes Olivenöl
1 mittelgrosse Zwiebel, fein gehackt
1 Bund glatte Petersilie, mit den Stielen fein gehackt
6 mittelgrosse Kartoffeln, mehlig kochend, geschält, gewürfelt
falls erhältlich und nach Geschmack wildes Fenchelkraut oder Fenchelsamen (siehe Tipp)
2 EL Tomatenmark
Meersalz, Pfeffer aus der Mühle

■ Die Artischocken von allen harten, trockenen und stachligen Teilen befreien (nur das wirklich zarte Innere verwenden!), die Stiele schälen, die Früchte samt Stiel vierteln, wenn nötig das Heu entfernen und die Artischocken sofort in Zitronenwasser legen.

■ Das Öl in einem Schmortopf erhitzen, Zwiebel und Petersilie darin anschwitzen, bis die Zwiebel leicht Farbe annimmt. Die Artischockenviertel, die Kartoffelwürfel und mindestens eine Hand voll wilden Fenchel dazugeben.

■ Das Tomatenmark mit etwas warmem Wasser anrühren, hinzufügen und aufkochen, anschliessend ¼ Liter heisses Wasser dazugiessen, salzen, pfeffern und das Gemüse etwa 30 Minuten schmoren lassen, bis es ganz weich ist. Die Sauce sollte eingedickt und von sämiger Konsistenz sein.

Tipp:
Sie werden wahrscheinlich nicht ohne weiteres wilden Fenchel zur Hand haben. Nehmen Sie stattdessen 1 TL Fenchelsamen, die Sie sorgsam im Mörser zerreiben und dem Artischockengericht bereits zu Beginn des Schmorvorgangs beifügen. Das gibt Ihnen zumindest eine Ahnung des typischen Geschmacks. Auch das grüne Kraut des Gemüsefenchels lässt sich gut zum Abrunden von Gemüsegerichten verwenden.

Artischocken, mit pikantem Kürbispüree gefüllt

8 mittelgrosse, kugelrunde Artischocken
à etwa 250 g, küchenfertig vorbereitet
Meersalz
½ Zitrone, Saft

Füllung:
500 g Hokkaidokürbis, mit der Schale
klein gewürfelt
2 EL Butter
1 mittelgrosse Zwiebel, fein gehackt
Meersalz, weisser Pfeffer aus der Mühle
frisch geriebene Muskatnuss und Zimtpulver

250 ml Bouillon (z.B. Hühner- oder
Gemüsebouillon)
50 g Butter

■ Die Artischocken von allen trockenen, harten und stachligen Teilen befreien, die verbliebenen Blattspitzen stufenförmig mit der Küchenschere einkürzen und die Artischocken 30 Minuten in leicht gesalzenem Zitronenwasser kochen. Dann kopfüber abtropfen und etwas abkühlen lassen.

■ Inzwischen für die Füllung den Kürbis in 1 EL Butter anschwitzen, die Zwiebel dazugeben, mit wenig heissem Wasser ablöschen, salzen und etwa 20 Minuten dämpfen, bis er weich ist (je kleiner die Würfel, desto kürzer die Garzeit). Den gegarten Kürbis passieren oder pürieren, mit den angegebenen Gewürzen abschmecken, die restliche Butter – oder 1 EL Kürbiskernöl – darunter rühren und das Püree warm halten.

■ Die Blätter der leicht abgekühlten Artischocken auseinander biegen, die zarten Blütenblätter in der Mitte mit den Fingern zusammenfassen, vorsichtig herauslösen und zur Seite legen. Das nun freiliegende Heu mit Hilfe eines kleinen, scharfen Löffels oder eines Kugelausstechers entfernen.

■ Die herausgelösten Blütenblätter wieder behutsam einsetzen und zwischen die zartvioletten Blütenblätter das orangefarbene Kürbispüree verteilen. Die gefüllten Artischocken in eine Auflaufform setzen, die Bouillon dazugiessen und kleine Butterflöckchen zwischen die Artischockenblätter verteilen.

■ Die Artischocken zugedeckt in der Mitte des auf 225 Grad vorgeheizten Ofens etwa 30 Minuten backen. Sie munden heiss genauso gut wie kalt, ganz nach persönlicher Vorliebe.

Variationen:
Gefüllte Artischocken sind ein beliebtes Entrée oder auch ein willkommener Imbiss zu Wein. Bei diesem Gericht sind Ihrer Kreativität keinerlei Grenzen gesetzt. Als einfache Variante bieten sich Ziegenfrischkäse- oder Fetabröckchen als Füllung an. Versuchen Sie zur Abwechslung eine der folgenden Füllungen oder die Beispiele auf den Seiten 53 bis 56. Und die Cremen und Pürees aus dem letzten Kapitel eignen sich ebenso gut zum Füllen von Artischocken – gleich und gleich gesellt sich gern!

Artischocken, mit pikantem Kürbispüree gefüllt ▶

Scharfes indisches Hokkaidopüree

500 g Hokkaidokürbis, gewürfelt
1 EL Olivenöl
1 frische rote Chili, entkernt, fein gehackt
frischer Ingwer nach Geschmack, gerieben oder durch die Knoblauchpresse gedrückt
Meersalz
je ½ TL Kurkuma- und Korianderpulver
2 EL Holundersirup oder 1 EL Apfeldicksaft

■ Den Kürbis im Öl anschwitzen, mit wenig heissem Wasser ablöschen, Chili, Ingwer und Salz beifügen und weich dämpfen. Pürieren, mit den angegebenen Gewürzen und dem Holundersirup abschmecken.

Topinamburpüree mit Pilzen

300 g Topinambur, geschält, zerkleinert
2 EL Olivenöl
200 g Champignons, sehr fein gehackt
1 Knoblauchzehe, gepresst
Meersalz, Pfeffer aus der Mühle
Basilikumblätter, fein gehackt

■ Den Topinambur in Salzwasser mit 1 Spritzer Zitronensaft weich kochen und pürieren.
■ Die Pilze und den Knoblauch im Öl anschwitzen, weich schmoren und mit den übrigen Zutaten unter das Püree mischen.

Selleriepüree

500 g Knollensellerie
Meersalz, Pfeffer aus der Mühle
1–2 EL Butter
1 Zitrone, Saft
glatte Petersilie, fein gehackt

■ Den Sellerie weich kochen und pürieren. Die übrigen Zutaten darunter mischen.

Artischockentortilla

4 zarte, kleine Frühlingsartischocken, küchenfertig vorbereitet
½ Zitrone, Saft
5 EL kaltgepresstes Olivenöl
250 g fest kochende Kartoffeln, geschält, dünn gehobelt, trockengetupft
2 Zwiebeln, mittelfein gehackt
Meersalz, Pfeffer aus der Mühle
4 Eier
Schnittlauch nach Geschmack, in Röllchen geschnitten

■ Die Artischocken von allen harten, trockenen und stachligen Teilen befreien, achteln, wenn nötig das Heu entfernen und die Früchte mit Zitronensaft einreiben.
■ 4 EL Olivenöl in einer grossen, schweren Pfanne erhitzen, Artischocken, Kartoffeln und Zwiebeln darin anbraten, salzen und pfeffern und bei niedriger Hitze unter häufigem Wenden weich braten.
■ Die Eier verquirlen, mit Salz und Pfeffer würzen, über das Gemüse giessen und bei niedriger Hitze garen, bis die Tortilla auf der Unterseite gestockt ist. Dann vorsichtig lösen, einen passenden Teller darüber stülpen und die Tortilla darauf stürzen; das restliche Öl in der Pfanne erhitzen, die Tortilla vom Teller wieder in die Pfanne gleiten lassen und auf der zweiten Seite fertig braten.
■ Die Tortilla in Tortenstücke teilen und nach Geschmack mit Schnittlauchröllchen garnieren.

Tipp:
Tortilla wird in Spanien heiss geliebt, aber auch kalt gern genossen und gehört zu den klassischen Tapasspeisen.

Artischocken auf griechische Art

6 grosse Artischocken, küchenfertig vorbereitet
2 Zitronen, Saft
3–4 Frühlingszwiebeln, in grosse Stücke geschnitten
2 mittelgrosse Karotten, in dicke Scheiben geschnitten
12 kleine, eher mehlig kochende Kartoffeln, geschält, ganz belassen
12 kleine Schalotten, geschält, ganz belassen
4 Lorbeerblätter
Meersalz, Pfeffer aus der Mühle
150 ml kaltgepresstes Olivenöl
1 Glas fruchtiger, leichter Weisswein (fakultativ)
3 EL Mehl
1 grosses Bund Dill oder Petersilie (oder halb und halb), gehackt

■ Die Artischocken von allen harten, trockenen und stachligen Teilen befreien (nur das wirklich zarte Innere verwenden!), je nach Grösse halbieren oder vierteln, das Heu entfernen und die Früchte sofort in Zitronenwasser (mit Saft von 1 Zitrone) legen.
■ Alle Gemüse, einschliesslich der Artischockenherzen, in eine grosse emaillierte oder irdene Auflaufform geben. Die Lorbeerblätter dazwischen verteilen, kräftig salzen und pfeffern und alles mit Olivenöl, Weisswein und dem restlichen Zitronensaft begiessen. Das Mehl in etwas Wasser restlos auflösen und dazugeben, die Hälfte der gehackten Kräuter einstreuen, mit heissem Wasser gerade bedecken und aufkochen.
■ Im Backofen bei 200 Grad zunächst zugedeckt 45 Minuten schmoren lassen, dann den Deckel abnehmen und weitere etwa 45 Minuten schmoren, bis die Gemüse weich sind. Vor dem Auftragen mit den restlichen Kräutern bestreuen.

Tipp:
Bereiten Sie ruhig eine grössere Menge zu, das Gemüse schmeckt nämlich auch kalt vorzüglich.

Im Sud marinierte Artischocken

8 Artischocken, küchenfertig vorbereitet
Meersalz
1 Zitrone, Saft
6 EL kaltgepresstes Olivenöl
250 ml fruchtiger, leichter Weisswein (fakultativ)
1 mittelgrosse Zwiebel, fein gewürfelt
½ mittelgrosse Fenchelknolle, fein gewürfelt
½ kleine Sellerieknolle, geschält, fein gewürfelt
3–5 Pfefferkörner
frische Thymianzweiglein nach Geschmack
1 Lorbeerblatt

■ Die Artischocken von allen harten, trockenen und stachligen Teilen befreien (nur das wirklich zarte Innere verwenden!), vierteln, das Heu entfernen und die Früchte sofort in Salzwasser mit 2 EL Zitronensaft 7 Minuten sprudelnd kochen, dann abgiessen und abtropfen lassen, dabei den Kochsud auffangen.

◄ *Artischocken auf griechische Art*

■ Das Olivenöl mit dem Wein und der gleichen Menge Kochsud (oder nur mit ½ Liter Kochwasser) sowie dem restlichen Zitronensaft verrühren, die Gemüsewürfel, die Gewürze und 1 TL Meersalz hinzufügen und aufkochen.

■ Die Artischockenviertel dazugeben und alles zugedeckt etwa 30 Minuten leise köcheln lassen. Die Artischocken im Sud erkalten und 2–3 Tage an einem kühlen Ort ziehen lassen.

Tipp:
Zusammen mit einem frischen oder frisch gerösteten hellen, aber rustikalen Bauernbrot – beträufelt mit Olivenöl und belegt mit frischem Knoblauch – ergibt dies ein herrliches Sommeressen für warme Abende im Freien.

Gefüllte Artischocken

Grundrezept

8–12 mittelgrosse Artischocken, küchenfertig vorbereitet
½ Zitrone, Saft
Meersalz
250 ml beliebige Flüssigkeit (z.B. halb Wasser, halb Weisswein, Artischockensud, Hühner-, Fleisch- oder Gemüsebouillon)
50 g Butter

■ Die Artischocken von allen trockenen, harten und stachligen Teilen befreien, die verbliebenen Blattspitzen stufenförmig mit der Küchenschere einkürzen und die Artischocken 20–30 Minuten (je nach Grösse) in leicht gesalzenem Zitronenwasser kochen. In der Zwischenzeit die Füllung vorbereiten.

■ Die Artischocken kopfüber abtropfen und etwas abkühlen lassen, dann die Blätter auseinander biegen, die zarten Blütenblätter in der Mitte mit den Fingern zusammenfassen, vorsichtig herauslösen und zur Seite legen. Das nun freiliegende Heu lässt sich mit Hilfe eines kleinen scharfen Löffels oder eines Kugelausstechers leicht entfernen.

■ In die so entstandene Höhlung die jeweilige Füllung auf den Boden drücken. Die gefüllten Artischocken in eine Auflaufform setzen, die Flüssigkeit dazugiessen und kleine Butterflöckchen zwischen die Artischockenblätter verteilen, die Form zudecken und die gefüllten Artischocken in der Mitte des auf 225 Grad vorgeheizten Ofens etwa 20–30 Minuten backen. Sie munden heiss genauso gut wie kalt.

Tipp:
Die herausgelösten Blütenblätter sind sehr aromatisch und viel zu schade zum Wegwerfen. Sie können sie nach dem Entfernen des Heus wieder einsetzen und die Füllung dazwischendrücken, oder Sie schneiden sie klein und geben sie zur jeweiligen Füllung dazu.

Vegetarische Variationen

Minzefüllung

50 g altbackenes Weissbrot, zerkrümelt
6 EL kaltgepresstes Olivenöl
Meersalz, Pfeffer aus der Mühle
1 Knoblauchzehe, fein gehackt
1 EL Kürbiskerne, fein gehackt
1 Bund Minze, fein gehackt

■ Das Brot mit den übrigen Zutaten vermischen.
■ Die Füllung in die nach Grundrezept vorbereiteten, gekochten Artischocken verteilen und backen.

Pilzfüllung

1 Zwiebel, fein gehackt
1 Knoblauchzehe, fein gehackt
250 g Champignons, fein gehackt
4 EL Butter
Meersalz, weisser Pfeffer aus der Mühle
1 EL Mehl
125 ml Milch
125 ml Rahm
60 g Greyerzer oder würziger Bergkäse, frisch gerieben

■ Zwiebel, Knoblauch und Pilze in 1½ EL Butter anbraten. Salzen, pfeffern, das Mehl anstäuben und mit anschwitzen, die Milch erwärmen und dazugiessen. Alles unter Rühren etwa 5 Minuten köcheln lassen, dann vom Herd nehmen, den Rahm dazugeben und nochmals abschmecken.
■ Die Füllung in die nach Grundrezept vorbereiteten, gekochten Artischocken verteilen und den Käse darüber streuen. Eine feuerfeste Form mit dem Rest der Butter fetten, die Artischocken hineinsetzen, Butterflöckchen darauf verteilen und ohne Deckel und zusätzliche Flüssigkeit überbacken, bis der Käse geschmolzen ist und leicht Farbe annimmt.

Artischockenböden mit Quark

8 gekochte Artischockenböden

Füllung:
300 g Quark
100 g Crème fraîche
Meersalz, Pfeffer aus der Mühle
2 Schalotten, fein gehackt
gemischte frische Kräuter (z.B. Estragon, Petersilie, Kerbel, Schnittlauch, Dill), fein gehackt

Salatblätter zum Garnieren

■ Für die Füllung alle angegebenen Zutaten miteinander mischen.
■ Die Füllung auf den Artischockenböden verteilen und diese auf Salatblättern anrichten. Dieses Gericht wird nicht mehr gebacken, sondern kalt gegessen.

Artischockenböden mit Blauschimmelkäse

6 grosse Artischocken, nach Grundrezept vorbereitet
30 g Roquefort oder anderer Blauschimmelkäse, zerbröckelt
1 EL Rahm
Pfeffer aus der Mühle
2 gehäufte EL Brotbrösel
6 EL zerlassene Butter
Salat nach Geschmack

■ Von den gekochten Artischocken die Böden freilegen, 4 davon zur Seite stellen, 2 klein schneiden, zusammen mit dem Käse und dem Rahm pürieren, mit Pfeffer abschmecken. Auf die beiseite gestellten Artischockenböden verteilen.

■ Die Brotbrösel mit der Hälfte der flüssigen Butter mischen und auf die Füllung geben. Alles mit der restlichen Butter beträufeln und etwa 20 Minuten überbacken. Mit frischem Salat anrichten.

Tipp:
Sehr gut passen zu diesem Gericht frische Wildsalate wie Bärlauch, Kapuzinerkresse, Löwenzahn einschliesslich der Blüten, Rucola oder junge Brennnesseln.

Variationen mit Fleisch und Meeresfrüchten

Artischocken mit Hackfleischfüllung

8 kleine Artischocken, küchenfertig vorbereitet
2 EL kaltgepresstes Olivenöl
2–4 Knoblauchzehen, fein gehackt
150 g gemischtes Hackfleisch (Rind und Schwein)
Meersalz, Pfeffer aus der Mühle
2 EL glatte Petersilie, fein gehackt
2 mittelgrosse Zwiebeln, fein gehackt
3 Tomaten, gehäutet, entkernt, grob gehackt
125 ml Flüssigkeit nach Wahl (Wein, Bouillon)
Thymianzweiglein nach Geschmack

■ Die Artischocken nicht kochen, sondern lediglich, wie im Grundrezept beschrieben, aushöhlen. Die zarten Blätter aus dem Inneren fein hacken und später unter die Fleischfüllung mischen.

■ 1 EL Öl erhitzen, die halbe Menge Knoblauch darin anschwitzen, das Fleisch hinzufügen, mit der Gabel zerdrücken, salzen, pfeffern, die Petersilie dazugeben und alles etwa 5 Minuten sanft anbraten.

■ Parallel dazu für die Sauce in einer zweiten Pfanne im restlichen Öl die zweite Hälfte Knoblauch, die Zwiebeln und Tomaten anbraten, die Flüssigkeit dazugiessen, salzen, pfeffern und kurz schmoren lassen.

■ Die Artischocken mit dem Fleisch füllen, in eine ofenfeste Form setzen, mit der Sauce übergiessen, einige Thymianzweiglein dazwischenstecken und etwa 45 Minuten in der Mitte des Ofens überbacken.

Variationen:
Sie können natürlich auch jede andere Fleischsorte (Lamm, Kalb, Huhn) nehmen, die Sie mögen, es muss nur gehackt sein. Auch eine Fleischmasse wie für Frikadellen oder Hackplätzchen eignet sich zum Füllen von Artischocken.

Gefüllte Artischockenherzen auf orientalische Art

Füllung:
250 g Lammhackfleisch
1 Ei
2 Scheiben entrindetes Weissbrot (z.B. Toastbrot), zerkrümelt
Meersalz, schwarzer Pfeffer aus der Mühle
geriebene Muskatnuss
frischer Thymian, Blättchen abgezupft

12 Artischockenherzen, küchenfertig vorbereitet
ungehärtetes Fett oder kaltgepresstes Olivenöl zum Ausbacken
150 ml Wasser
1 EL kaltgepresstes Olivenöl
1 Zitrone, Saft
½ TL Kurkuma (Gelbwurz)
Meersalz, schwarzer Pfeffer aus der Mühle
1 Lorbeerblatt

■ Alle Zutaten zur Fleischfüllung vermengen, in die rohen (!) Artischockenherzen füllen und diese einzeln in Fett ausbacken. Vorsichtig mit dem Schaumlöffel aus dem Fett heben und auf Haushaltpapier abtropfen lassen. Dann die gebackenen Artischockenherzen nebeneinander in eine grosse flache Kasserolle legen.

■ Das Wasser mit Olivenöl, Zitronensaft und den Gewürzen mischen, über die Artischocken giessen, das Lorbeerblatt dazwischenstecken. Die Artischocken ungefähr 1 Stunde bei kleiner Hitze köcheln lassen und bei Bedarf noch etwas Flüssigkeit nachgiessen.

Variationen:
Die Kochflüssigkeit kann genauso gut aus Weisswein (eventuell mit Wasser) oder aus Fleisch- bzw. Gemüsebouillon bestehen. Statt Lammhackfleisch Rindshack verwenden oder halb und halb gemischt.

Die Gewürze lassen sich variieren, indem Sie Muskatnuss etwa durch Zimt- oder Nelkenpulver ersetzen und Kurkuma durch Kreuzkümmel (Cumin). Es darf gern scharf sein.

Ein letzter Tipp: Fügen Sie dem Fleischteig zur Abwechslung 1 EL zuvor in lauwarmem Wasser eingeweichte Rosinen bei und geben Sie dieses Einweichwasser dann zur Kochflüssigkeit dazu.

Artischocken mit Pecorino-Salami-Füllung

8 kleinere junge Artischocken, küchenfertig vorbereitet (am besten längliche violette Sorte)
Meersalz
½ unbehandelte Zitrone, Saft
9 ganze schwarze Pfefferkörner
2 EL kaltgepresstes Olivenöl

Füllung:
250 g Ricotta
1 Ei
½ unbehandelte Zitrone, abgeriebene Schale
125 g würziger Pecorino, frisch gerieben
8–10 dünne Scheiben Fenchelsalami, fein gehackt

120 g frisch geriebene Brotbrösel
4 EL kaltgepresstes Olivenöl

■ Die Artischocken in leicht gesalzenem Zitronenwasser mit den Pfefferkörnern und dem Olivenöl 20 Minuten köcheln, dann abtropfen und etwas abkühlen lassen.
■ In der Zwischenzeit die Zutaten der Füllung gut miteinander vermischen.
■ Die Artischocken halbieren, das Innere samt Heu mit einem Kugelausstecher vorsichtig entfernen und die Füllung hineindrücken. In eine feuerfeste Form legen, mit den Brotbröseln bestreuen und mit Öl beträufeln. Im Ofen bei 225 Grad etwa 10 Minuten überbacken, bis die Brösel eine goldbraune Kruste bilden.

Tipps:
Die Salami lässt sich auch durch luftgetrockneten Schinken ersetzen. Wenn Sie die Salami weglassen, erhalten Sie eine leckere vegetarische Variante.

Artischocken gefüllt mit Gambas

8 mittelgrosse Artischocken
2 EL kaltgepresstes Olivenöl
1 Zwiebel, fein gehackt
1 Knoblauchzehe, fein gehackt
24 mittelgrosse Gambas, in Stücke geschnitten
glatte Petersilie, fein gehackt
Meersalz, Pfeffer aus der Mühle
1 Gläschen Cognac zum Flambieren (fakultativ)
125 ml Milch
1 TL Maisstärke

■ Die Artischocken wie im Grundrezept Seite 52 beschrieben vorbereiten und weich kochen.
■ Das Olivenöl erhitzen, Zwiebel und Knoblauch darin anschwitzen. Die Gambas dazugeben und kurz mit anbraten, mit Petersilie, Salz und Pfeffer würzen und eventuell flambieren.
■ Die Artischocken mit den Gambas füllen und nebeneinander in eine leicht geölte Form setzen.
■ Die Milch mit der Stärke verquirlen, kräftig abschmecken, über die Artischocken giessen und diese etwa 5 Minuten bei 225 Grad im Ofen backen.

Artischocken mit Pecorino-Salami-Füllung ▶

Variation:
Eine gut abgeschmeckte helle Sauce aus Butter, Mehl und beliebiger Flüssigkeit (Wein, Bouillon) herstellen, etwas frisch geriebenen Parmesan darunter mischen. Die Sauce über die Artischocken giessen und das Ganze mit frischem Dill bestreuen.

Risotto mit Artischocken

4 grosse Artischocken, küchenfertig vorbereitet
1 Zitrone, Saft
etwa 1½ l Hühnerbouillon oder Gemüsebouillon
2 EL kaltgepresstes Olivenöl
4 EL Butter
2 Schalotten, fein gehackt
Meersalz, Pfeffer aus der Mühle
300 g Risottoreis von guter Qualität (z.B. Vialone, Arborio, Carnaroli)
200 ml fruchtiger, leichter Weisswein
70 g reifer Pecorino, frisch gerieben
glatte Petersilie nach Geschmack, fein gehackt

■ Die Artischocken von allen harten, trockenen und stachligen Teilen befreien (nur das wirklich zarte Innere verwenden!) und sofort in Wasser mit dem Saft einer halben Zitrone legen. Die Bouillon erhitzen und während des gesamten Kochvorgangs auf einer Temperatur knapp unter dem Siedepunkt halten.

■ Das Öl mit 2 EL Butter in einer schweren, flachen Kasserolle erhitzen und die Schalotten darin anschwitzen. Die Artischockenherzen abtropfen lassen, trockentupfen, klein schneiden, das Heu entfernen. Zu den Schalotten geben und leicht bräunen, salzen, pfeffern und mit dem restlichen Zitronensaft beträufeln.

■ Den Reis (ungewaschen) dazugeben und unter Rühren anschwitzen, bis er das Fett aufgenommen hat. Dann mit dem Wein ablöschen, weiterrühren und, wenn der Wein verkocht ist, sofort eine Kelle heisse Bouillon dazugiessen, weiter rühren und, sobald die Bouillon vom Reis aufgenommen ist, erneut nachgiessen, rühren und so weiter. So weiterfahren, bis die Bouillon aufgebraucht und der Reis nach etwa 20 Minuten zwar weich, aber noch bissfest ist.

■ Ein guter Risotto muss cremig und trotzdem körnig sein. Das dauert je nach Sorte 17–20 Minuten. Es kann sein, dass nicht die ganze Flüssigkeit oder aber etwas mehr davon benötigt wird. Sie merken, wann der Reis mit Flüssigkeit gesättigt ist.

■ Ist die gewünschte Konsistenz erreicht, den Risotto vom Herd nehmen und 5 Minuten ruhen lassen. Dann die Hälfte des Käses darunter ziehen, 2 EL Butter hinzufügen, mit Salz und Pfeffer abschmecken und eventuell frisch gehackte Petersilie darüber streuen. Den restlichen Käse reichen Sie bei Tisch dazu.

Variation:
Risotto mit Artischocken und Schinken
Den Risotto wie beschrieben zubereiten. Zum Anbraten statt der Schalotten fein gehackten Knoblauch sowie 2–3 EL gewürfelten Schinken nehmen und für die zweite Hälfte der Kochzeit glatte Petersilie beifügen, die Sie samt den Stielen grob hacken.

Gut zu wissen:
Die fünf Grundzutaten eines guten Risottos sind immer dieselben: 1. Der richtige Reis. 2. Ein guter Fond. 3. Die ganze Zeit bei starker Hitze kochen. 4. Rühren, rühren, rühren. 5. Dem Risotto 20 Minuten ungeteilte Aufmerksamkeit schenken. Es lohnt sich!

Tipp:
Der Pecorino kann bei allen Variationen durch Parmesan ersetzt werden. Das ist nicht nur eine Sache des persönlichen Geschmacks: Pecorino ist ein Käse aus Schafmilch und daher auch für Kuhmilchallergiker bekömmlich.

Artischockenreis mit frischen Kräutern

8 junge, kleine Artischocken, küchenfertig vorbereitet
1 unbehandelte Zitrone, Saft und abgeriebene Schale
2 Knoblauchzehen, fein gehackt
1 Bund glatte Petersilie, fein gehackt, einige Zweige für die Garnitur beiseite legen
frische Pfefferminzblätter nach Geschmack, fein gehackt
4 Esslöffel kaltgepresstes Olivenöl
Meersalz, Pfeffer aus der Mühle
250 g Langkornreis
750 ml heisse Hühner- oder Gemüsebouillon
70 g Parmesan oder Pecorino, frisch gerieben

■ Die Artischocken von allen harten, trockenen und stachligen Teilen befreien (nur das wirklich zarte Innere verwenden!), vierteln oder achteln, wenn nötig das Heu entfernen und die Früchte sofort in Wasser mit dem Saft einer halben Zitrone legen.

■ Den Knoblauch, die Kräuter und die abgeriebene Zitronenschale mischen.

■ Das Olivenöl erhitzen, die Artischocken abtropfen lassen, trockentupfen und zusammen mit der Kräutermischung darin anschwitzen, ein paar Minuten schmoren lassen, dann salzen und pfeffern.

■ Den gewaschenen Reis dazugeben, mit der Bouillon ablöschen, umrühren und aufkochen. Das Gericht zugedeckt im Ofen bei 200 Grad etwa 30 Minuten garen. Vor dem Auftragen die restliche Petersilie fein hacken, über dem Reis verteilen und bei Tisch mit dem Käse bestreuen.

Tipp:
Dieser Artischocken-Kräuter-Reis ist ein idealer Begleiter zu Lammgerichten. Sie können ihn auch direkt mit dem Fleisch zubereiten, indem Sie etwa Hackfleisch oder geschnetzeltes Fleisch je nach Gusto mit anbraten und im Reis garen.

Risotto mit Frühlingsartischocken, Oliven und Orange

5 junge, zarte Frühlingsartischocken, küchenfertig vorbereitet
1 Zitrone, Saft
3 EL kaltgepresstes Olivenöl
5 EL Butter
3 junge, zarte Knoblauchzehen, samt Schale mit einem Messer zerquetscht (nicht ganz junge schälen)
Meersalz, Pfeffer aus der Mühle
etwa 1½ l Flüssigkeit (Artischockensud, Hühnerbouillon, Fleischbouillon, Gemüsebouillon)
300 g Risottoreis guter Qualität (z.B. Vialone, Arborio, Carnaroli)
200 ml fruchtiger, leichter Weisswein
kleine schwarze Oliven aus Ligurien, mindestens 6 Stück pro Person
1–2 EL frische oder getrocknete Orangenschale von unbehandelten Früchten, klein geschnitten
70 g frisch geriebener reifer Parmesan oder Pecorino

■ Die Artischocken von allen harten, trockenen und stachligen Teilen befreien (nur das wirklich zarte Innere verwenden!), vierteln, wenn nötig das Heu entfernen und sofort in Zitronenwasser legen.

■ Je 3 EL Butter und Öl in einer schweren, grossen, flachen Kasserolle schmelzen. Den zerdrückten Knoblauch darin anschwitzen.

■ Die Artischockenherzen abtropfen lassen, trockentupfen, in Schnitze schneiden, dazugeben und etwa 5 Minuten unter Rühren anbraten, dann salzen, pfeffern und mit ein paar Spritzern Zitronensaft beträufeln.

■ Die Kochflüssigkeit erhitzen und während des gesamten Kochvorgangs knapp unter dem Siedepunkt halten.

■ Den Reis (ungewaschen) zu den Artischocken geben und unter Rühren darin erhitzen, bis er das Fett aufgenommen hat, dann mit dem Wein ablöschen, Oliven und Orangenschale hinzufügen. Wenn der Reis den Wein aufgesogen hat, eine Kelle heissen Kochsud dazugeben und rühren, bis er aufgesogen ist, dann die nächste Kelle Sud beigeben, rühren, bis er aufgesogen ist und so weiter.

■ Der Risotto sollte weich und sämig, aber keinesfalls matschig oder suppig geraten. Das dauert je nach Sorte 17–20 Minuten. Es kann sein, dass je nach Reissorte nicht die ganze Flüssigkeit aufgebraucht oder etwas mehr davon benötigt wird. Sie merken, wann der Reis mit Flüssigkeit gesättigt ist.

■ Ist die gewünschte Konsistenz erreicht, den Risotto vom Herd nehmen und etwa 5 Minuten ruhen lassen, dann mit Salz und Pfeffer abschmecken, 2 EL Butter und die Hälfte des Käses darunter ziehen. Den restlichen Käse reichen Sie separat bei Tisch dazu.

Tipp:
Ein Artischockensud als Kochflüssigkeit unterstützt das Artischockenaroma vortrefflich; der Risotto wird dadurch aber je nach Artischockensorte und Kochzeit mehr oder weniger grün – was wiederum sehr apart sein kann.

Risotto mit Frühlingsartischocken, Oliven und Orange ▶

Variation:
Risotto mit Artischocken und grünem Spargel

Ein wahrer Frühlingsrisotto – und ein doppelt aphrodisischer dazu! Dazu braucht es ganz junge, kleine Artischocken, frischen grünen Spargel und frischen, jungen Knoblauch. Das Gericht wie beschrieben zubereiten, aber ohne Oliven und Orangenschale. Von den Spargelstangen die holzigen Enden entfernen, die Spitzen abschneiden und zur Seite stellen. Den Rest der Stangen schneiden Sie in mundgerechte Stücke und braten sie zusammen mit den Artischocken an, die zarten Spargelspitzen kommen erst für die letzten Minuten zum Risotto.

Tipp:
Wenn Sie im Frühling Urlaub am Mittelmeer machen, halten Sie die Augen offen: Überall, wo das fein gefiederte Asparaguskraut sich zeigt, finden Sie unter dem Boden die etwa fingerlangen Sprosse des wilden Spargels, mit dem Sie einen solchen Frühlingsrisotto noch typischer zubereiten können. Es gibt ihn für teures Geld natürlich auch auf den Märkten zu kaufen.

Geschmortes Gemüse aus Frühlingsartischocken und Bohnen

500 g breite Bohnen
Salz, Pfeffer aus der Mühle
4 junge, zarte Frühlingsartischocken, küchenfertig vorbereitet
½ Zitrone, Saft
2 rote Zwiebeln, fein gehackt
2 EL kaltgepresstes Olivenöl
400 g geschälte Tomaten aus der Dose (Pelati)
½ TL brauner Rohrzucker
frische Thymianzweiglein nach Geschmack
frisch geriebener Parmesan oder Pecorino nach Geschmack

- Die Bohnen waschen und in Salzwasser 10 Minuten kochen.
- Die Artischocken von allen harten, trockenen und stachligen Teilen befreien (nur das wirklich zarte Innere verwenden!), die Stiele schälen, die Früchte vierteln, wenn nötig das Heu entfernen und die Artischocken sofort in Wasser mit Zitronensaft legen.
- Die Zwiebeln im heissen Öl anschwitzen. Die Artischocken abtropfen lassen, trockentupfen, in dünne Schnitze schneiden, dazugeben und anbraten.
- Die Tomaten mit der Gabel zerdrücken und hinzufügen, die Bohnen abgiessen, in mundgerechte Stücke schneiden und ebenfalls dazugeben. Alles mit Salz, Pfeffer und dem Zucker abschmecken, die Thymianzweige einlegen, umrühren und das Gemüse zugedeckt im eigenen Saft etwa 30 Minuten schmoren lassen. Eventuell noch etwas Bohnenkochwasser nachgiessen.

■ Vor dem Auftragen die Thymianzweige entfernen und bei Tisch mit frisch geriebenem Käse bestreuen.

Pikante Artischocken mit Käse überbacken

8 kleine junge Artischocken, küchenfertig vorbereitet
½ Zitrone, Saft
3 Knoblauchzehen, fein gehackt
1 grosse rote Zwiebel, fein gehackt
3 EL kaltgepresstes Olivenöl
500 g kleine, fest kochende Kartoffeln, geschält, grob gewürfelt
1 grosse Dose (850 g) geschälte Tomaten (Pelati)
1 Lorbeerblatt
1–2 getrocknete Chilischoten
je 3 Körner Piment und Pfeffer
3 Gewürznelken
1 Prise Zimt
400 ml Flüssigkeit, halb Weisswein, halb Wasser
Meersalz, Pfeffer aus der Mühle
200 g Büffelmozzarella, in Scheiben geschnitten
Basilikumblätter

■ Die Artischocken von allen harten, trockenen und stachligen Teilen befreien (nur das wirklich zarte Innere verwenden!), die Stiele schälen, die Früchte samt Stiel vierteln, wenn nötig das Heu entfernen und die Artischocken sofort in Wasser mit Zitronensaft legen.

■ Knoblauch und Zwiebel im Öl anschwitzen. Die Artischocken abtropfen lassen, trockentupfen, klein schneiden (etwa in der Grösse der Kartoffelwürfel) und zusammen mit den Kartoffeln dazugeben. Die Tomaten abgiessen, dabei den Saft auffangen, mit der Gabel zerdrücken und zum übrigen Gemüse geben. Die Gewürze beifügen, umrühren und alles zusammen 10 Minuten schmoren lassen.

■ Mit der Flüssigkeit aufgiessen, umrühren und weitere 20 Minuten köcheln lassen. Wenn alles Gemüse weich ist, die Kasserolle vom Herd nehmen, die Chilischoten entfernen und das Gemüse mit Salz und Pfeffer abschmecken.

■ Die Mozzarellascheiben über dem Gemüse verteilen und im Ofen bei etwa 230 überbacken, bis er zu schmelzen beginnt. Vor dem Servieren mit klein gezupften Basilikumblättern bestreuen.

Variationen:
Sie können selbstverständlich die entsprechende Menge frische Tomaten verwenden, die Sie dann allerdings häuten und entkernen sollten, bevor Sie sie dem Gericht beifügen.

Nehmen Sie zum Aufgiessen Gemüsebouillon und zum Überbacken 200 g Schafskäse in kleinen Stückchen, die Sie auf dem Gemüse verteilen, und bestreuen Sie das Ganze mit fein gehackter Petersilie, dann haben Sie noch einmal ein ganz eigenständiges Gericht.

Als weitere Variation können Sie auf das Gratinieren verzichten. Rühren Sie stattdessen einen Becher Crème fraîche oder Sauerrahm unter das fertige Gemüse.

Artischockenpfanne mit Kartoffeln, Tomaten und Rosmarin

4 junge, zarte Artischocken, küchenfertig vorbereitet
1 Zitrone, Saft
3 EL kaltgepresstes Olivenöl
12 kleine, fest kochende Kartoffeln, in der Schale gekocht, geschält, geviertelt
1 grosse Gemüsezwiebel, geschält, grob gehackt
2 grosse Tomaten, geachtelt, Strunk entfernt
Meersalz, Pfeffer aus der Mühle
1 EL frische Rosmarinnadeln

■ Die Artischocken von allen harten, trockenen und stachligen Teilen befreien (nur das wirklich zarte Innere verwenden!), die Stiele schälen, die Früchte vierteln, wenn nötig das Heu entfernen und die Artischocken sofort in Wasser mit der Hälfte des Zitronensafts legen.

■ Das Öl in einer gusseisernen Pfanne (mit passendem Deckel) erhitzen. Zunächst die Kartoffeln darin anbraten, dann die Zwiebel dazugeben und leicht Farbe annehmen lassen. Die Artischocken abtropfen lassen, trockentupfen, in dünne Schnitze schneiden und beifügen, ebenfalls anbraten und mit dem restlichen Zitronensaft beträufeln. Die Tomatenschnitze hinzufügen, alles salzen, pfeffern, mit den Rosmarinnadeln bestreuen, umrühren und zugedeckt in eigenen Saft etwa 30 Minuten schmoren lassen; bei Bedarf etwas Gemüsebouillon nachgiessen.

Artischocken-Pilz-Tarte

Für eine Springform von 24 cm Durchmesser

Teig:
450 g feines Weizenmehl
100 g weiche Butter
Meersalz
4 EL eiskaltes Wasser

6 junge, kleine Artischocken, küchenfertig vorbereitet
½ unbehandelte Zitrone
2 Knoblauchzehen, fein gehackt
3½ EL kaltgepresstes Olivenöl
Meersalz, Pfeffer aus der Mühle
2 EL fruchtiger, leichter Weisswein
2 EL Bouillon nach Geschmack
1 EL Butter sowie Butter für die Form
2 Schalotten, fein gehackt
250 g Egerlinge oder Champignons, geputzt, fein geschnitten
60 g geräucherter Bauchspeck, gewürfelt
2 Eier
125 g Crème fraîche
125 ml Milch
Thymianzweiglein nach Geschmack
100 g Büffelmozzarella, in Stücke geschnitten

■ Aus Mehl, Butter, Salz und Wasser rasch einen Teig rühren (diesen keinesfalls zu stark und zu lange schlagen). Den Teig in Frischhaltefolie einschlagen und mindestens ½ Stunde in den Kühlschrank legen.

■ Die Artischocken von allen harten, trockenen und stachligen Teilen befreien (nur das wirklich zarte Innere verwenden!), halbieren,

Artischockenpfanne mit Kartoffeln, Tomaten und Rosmarin ▶

wenn nötig das Heu entfernen, die Früchte längs in dünne Scheiben schneiden und die Schnittstellen sofort mit Zitrone einreiben.

■ Den Knoblauch in 2 EL heissem Öl kurz anschwitzen, die Artischockenscheiben dazugeben. Alles unter Wenden kurz bräunen, salzen, pfeffern und mit dem Wein und der Bouillon ablöschen. Die Flüssigkeit einkochen lassen, dann die Artischocken zur Seite stellen.

■ Das restliche Öl zusammen mit der Butter erhitzen, die Schalotten darin schwenken, die Pilze und den Speck dazugeben und bei starker Hitze unter Rühren braten, bis alles leicht gebräunt ist. Mit Salz und Pfeffer würzen und zur Seite stellen.

■ Eier, Crème fraîche und Milch verrühren, salzen, pfeffern und kräftig aufschlagen.

■ Den Teig etwa 1 cm dick zu einem Kreis von etwa 40 cm Durchmesser ausrollen. Die Springform buttern und (einschliesslich Rand) mit dem Teig auslegen.

■ Das Gemüse auf dem Teig verteilen, den Thymian dazwischenstecken, den Mozzarella darauf verteilen, alles mit der Eimischung übergiessen und im Ofen bei 220 Grad mindestens ½ Stunde backen, bis die Füllung stockt und der Teig eine schöne, goldbraune Farbe angenommen hat.

Tipp:
Solche herzhaften Gemüsetorten (Tartes) munden warm genauso wie kalt. Und sie sind in zahlreichen Variationen eine ebenso beliebte wie begehrte Bereicherung für jedes Buffet. Eine weitere Variante finden Sie im nächsten Rezept.

Artischocken-Mangold-Tarte

Für eine flache Kuchenform von 26 cm Durchmesser

Teig:
500 g Mehl
9 EL kaltgepresstes Olivenöl
½ TL Meersalz
250 ml kaltes Wasser

1 kg Mangold (Krautstiele), gewaschen, Blätter grob zerzupft (die Stiele anderweitig verwenden)
8 junge, kleine Artischocken, küchenfertig vorbereitet
½ unbehandelte Zitrone
3 EL kaltgepresstes Olivenöl
1 grosse Zwiebel, fein gehackt
Salz, frisch geriebene Muskatnuss
5 EL Butter
3 EL frisch geriebene Brotbrösel
150 g Parmesan oder Pecorino (siehe Tipp Seite 59), frisch gerieben
1 TL frischer Majoran
Pfeffer aus der Mühle

■ Das Mehl auf ein Brett sieben, mit 4 EL Olivenöl, Salz und Wasser zu einem Teig kneten und zugedeckt ruhen lassen.

■ Den Mangold in einem erhitzten Topf zusammen fallen, anschliessend abtropfen lassen und fein hacken.

■ Die Artischocken von allen harten, trockenen und stachligen Teilen befreien (nur das wirklich zarte Innere verwenden!), halbieren, wenn nötig das Heu entfernen, die Früchte längs in dünne Scheiben schneiden und die Schnittstellen sofort mit Zitrone einreiben.

■ Das Öl erhitzen, die Zwiebel darin anschwitzen, die Artischocken dazugeben und unter Wenden anbraten. Den Mangold hinzufügen, mit Salz und frisch geriebener Muskatnuss würzen, mit etwas heissem Wasser ablöschen, alles gut mischen und weitere 10 Minuten schmoren lassen.

■ Die Butter schmelzen, die Brotbrösel, den geriebenen Käse und den Majoran darunter rühren. Das Gemüse vom Herd nehmen, die Bröselmischung dazugeben und alles mit Salz und Pfeffer abschmecken.

■ Den Teig halbieren und jeweils auf einen Durchmesser von etwa 28 cm ausrollen, Teigreste zu einer dünnen Rolle für den Rand formen.

■ Die Form mit Butter ausstreichen, den Boden mit der einen Teigplatte auslegen, die Füllung darauf verteilen, dabei einen Rand lassen, und die zweite Teigplatte als Deckel auflegen. Am Rand gut festdrücken, den Teigdeckel mehrfach mit der Gabel einstechen und mit Öl bepinseln. Im Ofen bei 220 Grad 1 knappe Stunde backen, bis der Teig goldbraun ist.

Artischocken-Kartoffel-Pizza

500 g mehlig kochende Kartoffeln, gründlich gebürstet
1 TL Trockenhefe
ca. 6 EL kaltgepresstes Olivenöl
Meersalz, schwarzer Pfeffer aus der Mühle
800 g Weizenmehl
1 grosse Zwiebel, halbiert, in feine Halbmonde geschnitten
100 g Emmentaler, gewürfelt
100 g Pecorino, gewürfelt
8 junge kleine Artischockenherzen, küchenfertig vorbereitet und weich gekocht, abgetropft, geachtelt
1 EL frische Rosmarinnadeln
50 g Parmesan, frisch gerieben

■ Die Kartoffeln in der Schale weich kochen, abgiessen (das Kochwasser auffangen) und schälen. 200 Gramm davon in einer grossen Schüssel zerstampfen, den Rest würfeln und zur Seite stellen.

■ Die Hefe in ¼ Liter lauwarmem Kartoffelkochwasser auflösen, mit 3 EL Öl und ½ TL Salz zu den zerstampften Kartoffeln geben und alles gut mischen.

■ Das Mehl portionsweise einrühren, bis der Teig sich vom Schüsselrand löst. Auf einer bemehlten Arbeitsfläche etwa 5 Minuten zu einem geschmeidigen Teig kneten und diesen in einer geölten Schüssel zugedeckt rund 45 Minuten gehen lassen, bis sich das Volumen in etwa verdoppelt hat.

■ Die Zwiebel in 1 EL Öl anschwitzen und glasig dünsten.

■ Den Teig ausrollen, ein leicht geöltes Backblech damit auslegen, dabei den Rand etwas hochziehen. Die Käse- und Kartoffelwürfel, die Artischockenherzen und die Zwiebelringe auf dem Teig verteilen, mit dem restlichen Olivenöl beträufeln, salzen, pfeffern und zum Schluss mit Rosmarin und Parmesan bestreuen.

■ Die fertig belegte Pizza an einem warmen Ort noch einmal etwa 25 Minuten gehen lassen, bevor Sie sie im Ofen bei 220 Grad ungefähr 35 Minuten backen, bis sie schön knusprig gebräunt ist.

Artischockenpizza mit Schinken

Teig:
300 g fein gemahlenes Weizenvollkornmehl
½ Würfel (20 g) Hefe
125 ml lauwarmes Wasser
1 knapper TL Salz
1 guter EL kaltgepresstes Olivenöl

8 mittelgrosse reife Tomaten, gehäutet, entkernt, klein geschnitten
1 Knoblauchzehe
1 EL getrockneter Oregano
Meersalz, Pfeffer aus der Mühle
150 g gekochter Schinken, dünn geschnitten
8 Artischockenherzen, gekocht, gut abgetropft, zerkleinert
120 g schwarze Oliven
200 g Büffelmozzarella, in kleine Stücke geschnitten
Olivenöl zum Beträufeln
Basilikumblätter

■ Aus Mehl, Hefe, Wasser, Salz und Öl einen Hefeteig zubereiten und diesen 10 Minuten gründlich kneten, dann zugedeckt mindestens 30 Minuten gehen lassen, damit er sich entspannt und elastisch wird.

■ Aus dem Teig zwei Fladen von gut 30 cm Durchmesser formen. Zwei runde flache Backformen von entsprechender Grösse mit Öl auspinseln, mit dem Teig auslegen, dabei den Rand etwas hochdrücken und den Teig weitere 15 Minuten gehen lassen, bevor Sie ihn belegen.

■ Den Knoblauch zu den Tomaten pressen, den Oregano dazugeben, alles vermengen, salzen und pfeffern.

■ Zunächst einen der Teigböden mit der Hälfte der Zutaten belegen: zuerst mit den Tomaten (den Rand frei lassen), dann mit den Schinkenscheiben, den zerkleinerten Artischockenherzen und den Oliven. Zuletzt die Hälfte des Mozzarellas auf der Pizza verteilen und alles grosszügig mit Öl beträufeln. Die zweite Pizza wird erst unmittelbar, bevor sie in den Backofen kommt, belegt.

■ Die Pizza in der Mitte des Ofens bei 230 Grad etwa 25 Minuten knusprig backen. Während Sie die erste Pizza geniessen, wird die zweite gebacken. Vor dem Servieren mit klein gezupften Basilikumblättern bestreuen.

Gut zu wissen:
Eine Pizza aus einem Teig mit Vollkornmehl wird nicht so knusprig wie die gewohnte Pizza. Ihr Reiz liegt vielmehr in ihrem herzhaften, fast kernigen Geschmack, der auch nach einem besonders herzhaften Belag verlangt. Sie können den Pizzateig natürlich auch mit Weissmehl zubereiten.

Pizza mit Artischocken und Thunfisch

Teig:
400 g Weizenmehl
30 g Hefe
ca. 225 ml lauwarmes Wasser
2 EL Olivenöl
½ TL Meersalz

2 Dosen Thunfischfilets im eigenen Saft, abgetropft, in Stücke zerteilt
3 EL Olivenöl sowie Öl für die Form
2 Knoblauchzehen, fein gehackt
Salz, weisser Pfeffer aus der Mühle
16 junge, kleine oder 8 grössere Artischockenherzen, küchenfertig vorbereitet und weich gekocht, gut abetropft
4 EL kleine Kapern
100 g Parmesan oder Pecorino, frisch gerieben
4 Eigelb
6 EL Crème fraîche
frische Thymianzweiglein nach Geschmack

■ Aus Mehl, Hefe, Wasser, Olivenöl und Salz einen Hefeteig zubereiten und diesen 10 Minuten gründlich kneten, dann zugedeckt mindestens 30 Minuten gehen lassen.
■ Den Thunfisch mit 2 EL Öl und dem Knoblauch mischen, mit Salz und Pfeffer würzen. Die Artischockenherzen trockentupfen und je nach Grösse vierteln oder achteln.
■ Aus dem fertigen Teig zwei Fladen von gut 30 cm Durchmesser ausrollen. Zwei runde, flache Backformen von entsprechender Grösse mit Öl auspinseln, mit dem Teig auslegen, den Rand etwas hochdrücken und den Teig nochmal 15 Minuten gehen lassen.
■ Zunächst einen der Teigböden mit der Hälfte der Zutaten belegen: zuerst die Artischockenstücke auf dem Teig verteilen, dann die Kapern darüber streuen und den Thunfisch darauf geben.
■ Den geriebenen Käse mit den Eigelben und der Crème fraîche verrühren und die Hälfte davon auf der Pizza verteilen. Einige Thymianzweiglein zwischen den Belag stecken und die Pizza bei 200 Grad 20–30 Minuten schön knusprig backen. Die zweite Pizza wird erst unmittelber vor dem Backen belegt (siehe vorhergehendes Rezept).

Tipp:
Sie können den Teig selbstverständlich auch auf Backblechgrösse ausrollen und auf einmal backen. Es hat aber entschieden seinen Reiz, die zweite Portion ganz frisch und knusprig zu geniessen – auch wenn man darauf etwas warten muss. Essen Sie etwas langsamer, das ist sowieso gesünder!

Thunfisch auf Artischocken und Tomaten

4 Scheiben frischer Thunfisch à 150 g
Meersalz, Pfeffer aus der Mühle
½ Glas fruchtiger, leichter Weisswein
4 junge, zarte Knoblauchzehen, samt der zarten Schale mit einem Messer zerquetscht
1 EL frische Rosmarinnadeln, gehackt
6 EL kaltgepresstes Olivenöl
6–8 Artischocken je nach Grösse, küchenfertig vorbereitet
½ Zitrone, Saft
2 grosse reife Tomaten, gehäutet, entkernt, geachtelt
2 grosse Zwiebeln, halbiert, in feine Ringe geschnitten

■ Den Fisch waschen, trockentupfen, in eine flache Form legen, salzen, pfeffern und mit dem Wein beträufeln. Knoblauch und Rosmarin über dem Fisch verteilen. 4 EL Olivenöl dazugeben und den Fisch zugedeckt einige Stunden (je länger, je besser) marinieren.
■ In der Zwischenzeit die Artischocken von allen harten, trockenen und stachligen Teilen befreien (nur das wirklich zarte Innere verwenden!), je nach Grösse vierteln oder achteln, wenn nötig das Heu entfernen und die Früchte sofort in Zitronenwasser legen.
■ In einer Pfanne das restliche Öl (2 EL) erhitzen, die Artischocken gut abtropfen lassen, trockentupfen und im Öl anbraten, die Zwiebelringe hinzufügen, salzen, pfeffern und alles etwa 10 Minuten schmoren lassen, nach der Hälfte der Zeit die Tomatenachtel dazugeben.
■ Das Gemüse in eine grosse, feuerfeste Form füllen, die Fischscheiben darauf legen, die Marinade darüber verteilen und alles in der Mitte des Ofens bei 175 Grad ungefähr 30 Minuten garen. Nach der Hälfte der Garzeit mit Folie abdecken, damit der Fisch nicht trocken wird.

Variationen:
Dieses Gericht lässt sich genauso gut mit frischem Schwertfisch zubereiten – beides sind allerdings eher teure Fischsorten. Sie können ohne weiteres auch zu Seelachs-, Kabeljau- oder Rotbarschfilets greifen, dann verkürzt sich allerdings die Aufenthaltsdauer im Backofen, und dafür verlängert sich die Schmorzeit des Gemüses entsprechend.

Artischocken mit Muscheln

8 grosse Artischockenherzen, küchenfertig vorbereitet
1 Zitrone, Saft
Meersalz, Pfeffer aus der Mühle
4 EL Olivenöl
2 Knoblauchzehen, fein gehackt
1 EL Mehl
4 EL fruchtiger, leichter Weisswein
1 kg Venusmuscheln, gut geputzt

■ Die Artischocken von allen harten, trockenen und stachligen Teilen befreien (nur das wirklich zarte Innere verwenden!), sofort in Zitronenwasser mit 1 TL Salz geben und weich kochen. Abgiessen, dabei das Kochwasser auffangen, und abtropfen lassen.
■ Das Öl in einer weiten Kasserolle heiss werden lassen, den Knoblauch darin leicht anschwitzen, das Mehl darüber stäuben und kurz mit anschwitzen, dann mit gut ½ Liter Artischockensud und dem Wein ablöschen. Die Muscheln in den Sud geben und köcheln lassen, bis sich die Schalen öffnen.
■ Die Artischockenherzen achteln, wenn nötig das Heu entfernen, und zu den Muscheln geben. Das Gericht mit Salz, Pfeffer und Zitronensaft abschmecken und eventuell noch etwas Artischockensud nachgiessen.

Variationen:
Dieses Muschelgericht lässt sich ebenso gut mit Vongole, mit kleinen Miesmuscheln (dann 1,5 kg) oder mit jeder anderen kleinen Muschelart zubereiten.

Statt grosse können Sie natürlich auch kleine Frühlingsartischocken verwenden, das gibt weniger Abfall. Rechnen Sie davon für 4 Personen etwa 8 Früchte, die dann lediglich halbiert oder geviertelt werden.

Sommerragout mit Kalbfleisch und Artischocken

750 g Kalbsschmorfleisch ohne Knochen, in grosse Würfel geschnitten
2 EL kaltgepresstes Olivenöl
1 grosse Zwiebel, in Scheiben geschnitten
2 EL Tomatenpüree
1 TL Paprikapulver
500 ml Bouillon (Kalbsfond, Gemüsebouillon), heiss
1 Lorbeerblatt
2 frische Knoblauchzehen, mit der zarten Schale etwas zerquetschen
8 junge kleine Artischocken, küchenfertig vorbereitet
1–2 unbehandelte Zitronen, Saft
750 g Sommergemüse, 4 verschiedene Sorten nach Geschmack und Angebot (Tomaten, Auberginen, Zucchini, Peperoni/Paprika, Bohnen, junge Kartoffeln)
Meersalz, weisser Pfeffer aus der Mühle
Dill und glatte Petersilie

■ Das Öl in einem grossen Schmortopf erhitzen und das Fleisch darin von allen Seiten anbraten. Die Zwiebel dazugeben und etwa 5 Minuten mitbraten, bis sie eine goldgelbe Farbe annimmt. Tomatenpüree und Paprikapulver (wer's nicht scharf mag, nimmt milden Rosenpaprika) hinzufügen und 1 Minute rühren, anschliessend die heisse Bouillon dazugiessen, das Lorbeerblatt und die Knob-

Artischocken mit Muscheln ▶

lauchzehen hinzugeben, den Deckel auflegen und das Fleisch etwa 1 Stunde leise köcheln lassen.

- In der Zwischenzeit die Artischocken von allen harten, trockenen und stachligen Teilen befreien (nur das wirklich zarte Innere verwenden!), vierteln, wenn nötig das Heu entfernen und die Früchte sofort in Zitronenwasser legen.
- Das übrige Gemüse vorbereiten: Tomaten häuten und entkernen, Auberginen salzen und 30 Minuten stehen lassen, Kartoffeln schälen, in grosse Stücke schneiden und zusammen mit den Artischocken nach 1 Stunde zum Fleisch geben.
- Nach Bedarf noch etwas heisse Bouillon hinzufügen und alles zusammen etwa 30 Minuten leise köcheln lassen, bis das Gemüse so weich ist wie das Fleisch. Mit Salz und Pfeffer abschmecken und mit den frisch gehackten Kräutern bestreuen. Das Gericht bei Tisch nach Geschmack mit etwas frisch gepresstem Zitronensaft aromatisieren.

Variationen:
Die Fleischsorte können Sie ganz nach Belieben variieren. Auch Lammfleisch passt sehr gut dazu, dann würde ich allerdings mit Zwiebeln und Knoblauch wesentlich grosszügiger umgehen und für die letzte halbe Stunde frischen Rosmarin und vielleicht auch ein paar Thymianzweiglein dazugeben und dafür den Dill weglassen.

Truthahn (Pute) lässt sich ebenfalls gut mit Sommergemüsen kombinieren; das Fleisch verlangt allerdings eine kürzere Kochzeit, sonst wird es trocken. Dafür verträgt es eine dezente Schärfe, die ihm beispielweise die behutsame Zugabe von frischen Peperoncini oder Chilis verleiht.

Auch mit Wintergemüsen wie Lauch, Karotten, Sellerie, Kartoffeln und natürlich Artischocken lässt sich ein solches Ragout wunderbar zubereiten. Es ist immer wieder festzustellen: am bekömmlichsten sind uns die frischen Lebensmittel der jeweiligen Saison.

Artischocken-Schmarren

16 sehr kleine, junge Babyartischocken, küchenfertig vorbereitet
1 Zitrone, Saft
3 EL kaltgepresstes Olivenöl
1–2 Knoblauchzehen, fein gehackt
4 Eier
Meersalz, Pfeffer aus der Mühle
40 g Parmesan oder Pecorino, frisch gerieben

- Die Artischocken von allen harten, trockenen und stachligen Teilen befreien, halbieren und sofort in Zitronenwasser legen.
- Das Öl in einer grossen schweren Pfanne erhitzen und den Knoblauch darin anschwitzen. Die Artischocken gut abtropfen lassen, trockentupfen und klein schneiden, zusammen mit dem Knoblauch anbraten und etwa 10 Minuten schmoren lassen.
- Die Eier aufschlagen, salzen, pfeffern, mit dem Käse verrühren, über das Gemüse giessen und kurz stocken lassen. Sobald die Unterseite leicht gebräunt ist, wenden und wie einen Kaiserschmarren mit Löffel und Gabel in mundgerechte Stücke reissen, goldgelb braten.

Klassischer Artischockengratin

8 grosse Artischocken, küchenfertig vorbereitet
1 Zitrone, Saft
4 Eier
3 EL kaltgepresstes Olivenöl
50 g Parmesan oder Pecorino, frisch gerieben
glatte Petersilie nach Geschmack, fein gehackt
Meersalz, Pfeffer aus der Mühle
2 EL Brotbrösel
3 EL Butter

■ Die Artischocken von allen harten, trockenen und stachligen Teilen befreien (nur das wirklich zarte Innere verwenden!), halbieren, das Heu entfernen und die Früchte sofort in Zitronenwasser legen.
■ Die Eier mit dem Olivenöl verquirlen, Käse und Petersilie dazugeben, mit Salz und Pfeffer würzen.
■ Eine feuerfeste flache Form ausbuttern und mit der Hälfte der Brotbrösel ausstreuen. Die Artischocken gut abtropfen lassen, trockentupfen, längs in dünne Scheiben schneiden, in die Form legen und mit Salz und Pfeffer bestreuen.
■ Die Eimischung darüber giessen. Mit den restlichen Bröseln bestreuen, mit Butterflöckchen belegen und etwa 1 Stunde in der Mitte des Ofens bei 175 Grad backen. Heiss oder kalt servieren (eignet sich auch sehr gut für ein Büfett).

Variationen:
Wenn Sie nur 4 Artischocken, dafür aber zusätzlich 400 g fein geschnittene rohe Kartoffeln nehmen, 1–2 in dünne Ringe geschnittene und glasig gedünstete Zwiebeln dazugeben und die Petersilie durch Rosmarin oder Thymian ersetzen, haben Sie noch einmal ein völlig neues Gericht. Statt Kartoffeln eignen sich auch Topinambur.

Artischockengratin mit Tomaten-Fleisch-Sauce

8 grosse Artischocken, küchenfertig vorbereitet
1 Zitrone, Saft
1 kleine Zwiebel, fein gehackt
½ Selleriestange, fein gehackt
1 kleine Karotte, geschält, fein gehackt
ca. 6 EL kaltgepresstes Olivenöl
150 g Bratwurstbrät
300 g Tomatenmark
Meersalz, Pfeffer aus der Mühle
1 Lorbeerblatt
2 Prisen Zimtpulver
3–4 Gewürznelken
½ TL brauner Rohrzucker
2–3 grosse Eier, verquirlt
frisch geriebene Brotbrösel
60 g Parmesan oder Pecorino, frisch gerieben

■ Die Artischocken von allen harten, trockenen und stachligen Teilen befreien (nur das wirklich zarte Innere verwenden!), halbieren, das Heu entfernen und die Früchte sofort in Zitronenwasser legen.

■ Das Gemüse in 2 EL Öl anbraten. Das Brät zerdrücken und mit anbraten, das Tomatenmark mit etwas lauwarmem Wasser verrühren und dazugeben, salzen, pfeffern, die übrigen Gewürze und den Zucker hinzufügen und alles zugedeckt 15 Minuten leise köcheln lassen, dabei öfter umrühren und eventuell noch etwas heisse Flüssigkeit nachgiessen.

■ Die Artischocken gut abtropfen lassen, trockentupfen und längs in Scheiben schneiden.

■ Das restliche Öl erhitzen. Die Artischockenscheiben zunächst in Ei, dann in den Brotbröseln wenden, nacheinander im Öl braten, auf Haushaltpapier legen, wenden und etwas abkühlen lassen.

■ Eine Schicht Artischockenscheiben in eine leicht geölte hohe Gratinform legen, etwas Tomatensauce darüber verteilen, das Ganze mit Käse bestreuen, dann wieder eine Schicht Artischocken darauf legen und so fortfahren; mit einer Schicht Käse abschliessen. Mit etwas Olivenöl beträufeln und in der Mitte des Ofens bei 200 Grad etwa 30 Minuten überbacken.

Artischockenherzen in Zwiebelsauce

16 Artischockenherzen, küchenfertig vorbereitet
1 unbehandelte Zitrone
2 EL Mehl
1 EL kaltgepresstes Olivenöl
2 Bund Frühlingszwiebeln, mit dem Grün in ca. 5 cm lange Stücke geschnitten
Meersalz, Pfeffer aus der Mühle
1 Bund Dill, fein gehackt
100 ml kaltgepresstes Olivenöl
2 Zitronen, Saft

■ Die Artischockenherzen vom Heu befreien und alle Schnittflächen sofort mit Zitrone einreiben. So viel Wasser, dass die Artischocken gerade eben bedeckt sind, mit dem Mehl verquirlen und die Artischockenherzen darin einlegen.

■ In einer grossen, flachen Kasserolle 1 EL Öl erhitzen und die Zwiebeln darin anschwitzen.

■ Nach etwa 5 Minuten die Artischocken mit so viel Mehlwasser dazugeben, dass sie knapp bedeckt sind, salzen, pfeffern und den Dill einstreuen, das Olivenöl und den Zitronensaft dazugiessen. Das Gemüse ohne Deckel etwa ½ Stunde sanft köcheln lassen, bis die Herzen schön weich (aber nicht zerkocht!) sind.

■ Sollte die Sauce dann noch nicht sämig eingedickt sein, das Gemüse mit einer Schaumkelle herausheben, warm stellen und die Sauce bei grosser Hitze einkochen.

Variation:
Artischockenherzen mit Zitronensauce
Die Artischockenherzen mit Salzwasser bedeckt weich köcheln. Aus 2 Eiern, dem Saft von 2 Zitronen und 1 EL Maismehl eine Zitronencreme zubereiten (siehe Rezept Seite 37) und zu den Artischockenherzen geben, nicht mehr kochen lassen. Kalt oder warm, mit fein gehackter glatter Petersilie bestreut, servieren.

Artischocken-Topinambur-Kartoffel-Auflauf mit Käse überbacken

250 g Topinamburknollen, geschält
Meersalz, weisser Pfeffer aus der Mühle
1 grosse Zitrone, Saft
250 g fest kochende Kartoffeln, gründlich gebürstet
4 grosse Artischockenherzen, küchenfertig vorbereitet
1 grosse rote Zwiebel, gehackt
2–3 EL kaltgepresstes Olivenöl
3 EL Butter
1½ EL feines Weizenvollkornmehl
frische Thymianzweiglein nach Geschmack
375 ml Flüssigkeit nach Wahl (halb Weisswein, halb Wasser, Gemüse- oder Hühnerbouillon, Artischockensud; siehe Tipp Seite 38
etwas Bouillonpulver (gekörnte Brühe) nach Geschmack
75 g würziger Bergkäse, grob geraffelt

■ Die Topinamburknollen in Salzwasser mit einem Spritzer Zitronensaft 25 Minuten weich kochen. Die Kartoffeln in der Schale weich kochen.

■ Die Artischockenherzen vierteln, das Heu entfernen und die Herzen sofort in Zitronenwasser (mit Saft von ½ Zitrone) legen.

■ Die Zwiebel in je 1 EL Öl und Butter in einer grossen Pfanne anschwitzen. Die Artischocken achteln, dazugeben, salzen und pfeffern und etwa 10 Minuten zugedeckt schmoren lassen.

■ Eine Auflaufform mit Öl auspinseln. Die Topinamburknollen in Scheiben schneiden und auf dem Boden verteilen. Die Kartoffeln schälen, in Scheiben schneiden und auf die Topinamburscheiben schichten. Zuletzt die Artischockenherzen darauf verteilen und den Thymian zwischen das Gemüse stecken.

■ Die restliche Butter (2 EL) und das Mehl zusammen hell anschwitzen, unter ständigem Rühren mit dem Schneebesen nach und nach die Flüssigkeit dazugiessen und unter gelegentlichem Rühren etwa 8 Minuten leise köcheln lassen. Die Sauce vom Herd nehmen, mit Zitronensaft, Salz und Pfeffer und eventuell etwas Bouillonpulver würzig abschmecken und über das Gemüse giessen. Den Käse über dem Auflauf verteilen, mit etwas Olivenöl beträufeln und das Gericht etwa 30 Minuten in der Mitte des Ofens bei 225 Grad backen, bis der Käse zerläuft und leicht Farbe annimmt.

Variationen:

Sie können diesen Auflauf auch nur mit Kartoffeln und Artischocken beziehungsweise mit Topinambur und Artischocken zubereiten. Aufläufe sind aber auch ideal, um Reste zu verwerten, zum Beispiel altbackenes Brot oder Bratenreste – lassen Sie Ihrer Fantasie freien Lauf!

Artischockenragout mit Schalotten und Orangenfilets

6 grosse Artischockenherzen, küchenfertig vorbereitet
½ unbehandelte Zitrone, Saft
150 g kleine Schalotten, vorsichtig dünn geschält
3 EL Butter
Meersalz, Pfeffer aus der Mühle
1½ EL Mehl
375 ml Flüssigkeit (Artischockensud, Gemüsebouillon, Hühnerbouillon) oder 250 ml Sud bzw. Bouillon, mit 125 ml Weisswein gemischt
1 Orange, Saft
2 unbehandelte Orangen, Schale dünn abgeschält und klein geschnitten, Filets ausgelöst
1 EL brauner Rohrzucker

■ Die Artischockenherzen vierteln oder achteln, das Heu entfernen und die Früchte sofort in Zitronenwasser legen.

■ Die Schalotten in leicht gesalzenem Wasser kurz blanchieren, abgiessen, dabei das Wasser auffangen und warm halten.

■ In einer schweren Pfanne mit Deckel 2 EL Butter schmelzen, die Artischockenherzen darin anbraten, salzen, pfeffern und langsam während 10 Minuten Farbe annehmen lassen.

■ In der Zwischezeit den verbleibenden Esslöffel Butter mit dem Mehl hell anschwitzen, mit der Flüssigkeit aufgiessen, mit dem Schneebesen kräftig verrühren, aufkochen und unter Rühren etwa 5 Minuten köcheln lassen.

■ Die Sauce vom Herd nehmen, den Orangensaft einrühren, mit Salz und Pfeffer abschmecken, anschliessend über die Artischocken giessen, umrühren und etwa 15 Minuten leise schmoren lassen. Die Orangenschale zum Ragout geben.

■ In einem kleinen Eisenpfännchen den Zucker unter Rühren auflösen, bis er zu schäumen beginnt, mit etwas heissem Zwiebelsud ablöschen und leise köcheln lassen, bis der Karamell gelöst ist. Die Schalotten darin karamellisieren, bis sie eine sanft hellbraune Farbe angenommen haben, dann zusammen mit der Flüssigkeit ebenfalls zum Ragout geben und darunter mischen. Die Orangenfilets vorsichtig unter das Ragout heben, den Deckel auflegen, die Pfanne vom Herd nehmen und das Gericht vor dem Genuss noch etwa 5 Minuten durchziehen lassen.

■ Zu diesem Ragout passt als Beilage sehr gut körniger Reis.

Artischockenragout mit Schalotten und Orangenfilets ▶

Herzhafte Artischockensauce zu Pasta

125 g getrocknete weisse Bohnen (grosse, mehlige Sorte)
1 Salbei- oder Lorbeerblatt
2 grosse Artischocken, küchenfertig vorbereitet
½ unbehandelte Zitrone, Saft
75 g roher Schinken, gewürfelt
150 g herzhafte Salami (evtl. eine scharf gewürzte Sorte), gewürfelt
2 Knoblauchzehen, gehackt
glatte Petersilie, gehackt
4 EL kaltgepresstes Olivenöl
250 g reifeTomaten, gehäutet, entkernt und gewürfelt, oder geschälte Tomaten aus der Dose
175 ml Bouillon nach Wahl
Meersalz, schwarzer Pfeffer aus der Mühle
Cayennepfeffer (fakultativ)

■ Die Bohnen über Nacht einweichen und am nächsten Tag in frischem Wasser zusammen mit dem Salbei- oder Lorbeerblatt weich kochen.
■ Die Artischocken von allen harten, trockenen und stachligen Teilen befreien (nur das wirklich zarte Innere verwenden!), vierteln, das Heu entfernen und die Früchte sofort in Zitronenwasser legen.
■ Die Artischockenherzen abtropfen lassen, trockentupfen und in etwa 2 cm grosse Würfel schneiden. Das Öl in einem Topf erhitzen, Schinken, Salami, Knoblauch, Petersilie und die Artischocken darin unter Rühren 15 Minuten braten.
■ Die Bohnen abgiessen und abtropfen lassen, dabei den Kochsud auffangen. Die Bohnen zusammen mit den Tomaten in die Pfanne geben und kurz mit anbraten. Die Bouillon dazugiessen, salzen, pfeffern, eventuell mit etwas Cayennepfeffer würzen und etwa 30 Minuten köcheln lassen, bis die Bohnen zu zerfallen beginnen. Eventuell noch etwas Bohnensud hinzufügen.
■ Mit frisch gekochter Pasta mischen und bei Tisch mit Käse bestreuen.

Variationen:
Sehr gut eignen sich für diese Sauce auch die Kerne von frischen Dicken Bohnen oder junge Erbsen – es muss ein Gemüse sein, das zu sämiger Konsistenz zerkocht.

Die Sauce schmeckt auch sehr gut zu Kartoffelpüree.

Und wenn Sie Schinken und Wurst weglassen, haben Sie eine feine Beilage zu kurz gebratenem Fleisch.

Artischocken-Thunfisch-Sauce

4 mittelgrosse Artischocken, küchenfertig vorbereitet
½ Zitrone, Saft
4 EL kaltgepresstes Olivenöl
1–2 Peperoncini
2 Knoblauchzehen, fein gehackt
ca. 125 ml warmes Wasser (oder andere Kochflüssigkeit wie Wein oder Bouillon)
Meersalz, Pfeffer aus der Mühle
250 g reifeTomaten, enthäutet, entkernt, gewürfelt, oder geschälte Tomaten aus der Dose
1–2 EL kleine schwarze Oliven mit Stein (vorzugsweise aus Ligurien)
1 EL frische Basilikumblätter
200 g Thunfisch, im eigenen Saft eingelegt

■ Die Artischocken von allen harten, trockenen und stachligen Teilen befreien (nur das wirklich zarte Innere verwenden!), vierteln, das Heu entfernen und die Früchte sofort in Zitronenwasser legen.

■ In einer grossen Pfanne das Öl erhitzen, die ganz belassenen Peperoncini und den Knoblauch darin anschwitzen. Die Artischocken gut abtropfen lassen, trockentupfen, in mundgerechte Stücke schneiden, in die Pfanne geben und kurz anbraten. Das Wasser dazugiessen, salzen, pfeffern und sanft köcheln lassen.

■ Wenn die Artischocken ganz weich sind, die Tomaten, die Oliven und das Basilikum hinzufügen und noch 5 Minuten köcheln lassen.

■ Die Sauce vom Herd nehmen. Den Thunfisch abtropfen lassen, zerpflücken, zur Sauce geben und mit erwärmen; die Peperoncini entfernen. Um eine sämige Sauce zu erhalten, alles mit einer Gabel etwas zerdrücken. Eventuell noch etwas heisse Flüssigkeit nachgiessen, abschmecken und mit frisch gekochter Pasta mischen.

Artischockenpüree

4 mittelgrosse Artischocken, küchenfertig vorbereitet
½ Zitrone, Saft
Meersalz, Pfeffer aus der Mühle
400 g mehlig kochende kleine Kartoffeln, gründlich gebürstet
200 ml Milch
2 Knoblauchzehen, fein gehackt
3 EL kaltgepresstes Olivenöl
Basilikumblätter

■ Die Artischocken von allen harten, trockenen und stachligen Teilen befreien und die Früchte sofort in Zitronenwasser mit etwas Salz sehr weich kochen. Kopfüber abtropfen und etwas abkühlen lassen, dann mit einem kleinen, scharfen Löffel das Fleisch von den äusseren Blättern abkratzen. Die Artischocken halbieren, die zarten inneren Blätter vorsichtig herausheben und zur Seite legen, das Heu entfernen und die entblätterten Artischockenböden klein schneiden.

■ Die Kartoffeln in der Schale weich kochen, abgiessen, schälen und zusammen mit dem abgekratzten Artischockenfleisch und den Artischockenwürfeln in einem Topf zerstampfen. Die Milch erhitzen und nach und nach dazugeben, gut umrühren, mit Salz und Pfeffer abschmecken, erhitzen und warm stellen.

■ Den Knoblauch im Öl anbraten, über das Gemüsepüree geben und dieses vor dem Servieren noch mit den beiseite gelegten zarten Artischockenblättern und dem frischen Basilikum abrunden.

Tipp:
Das Püree passt zu Gemüsegerichten ebenso gut wie zu Lammkoteletts oder Grillfisch, um nur ein paar Beispiele zu nennen.

Artischockenpaste mit Zitrone

4 grosse fleischige Artischocken, küchenfertig vorbereitet
1 unbehandelte Zitrone, Saft und abgeriebene Schale
Meersalz, weisser Pfeffer aus der Mühle
1 Becher Crème fraîche
1–2 EL Gemüse- oder Hühnerbouillon

■ Die geputzten und gewaschenen Artischocken im Ganzen in Salzwasser mit dem Zitronensaft sehr weich kochen, kopfüber abtropfen und abkühlen lassen. Die äusseren Blätter abzupfen, dabei mit einem kleinen scharfen Löffel das Fleisch von den Blättern kratzen. Die Herzen halbieren, die zarten inneren Blütenblätter herausheben, das Heu entfernen, die Böden freilegen und allfällige noch faserige Teile wegschneiden.

■ Die Artischockenböden klein schneiden und zusammen mit dem abgekratzten Fleisch von den Blättern, den zarten inneren Blättern, Salz und Pfeffer, Zitronenschale, Crème fraîche und der kalten Bouillon (geben Sie diese löffelweise bei, vielleicht reicht bereits ein Esslöffel) im Mixer pürieren und abschmecken.

Tipp:
Diese Paste eignet sich als Brotaufstrich für sich allein ebenso gut wie für ein Sandwich, z. B. mit Huhn, oder auf Bruschetta mit Tomaten und Rucola. Aber auch als Begleiter zu warmem oder kaltem Fleisch oder Fisch ist sie köstlich. Lassen Sie sich inspirieren!

Artischockenpaste mit Tymian

4 grosse Artischockenböden, weich gekocht
1 EL Butter und 1 EL kaltgepresstes Olivenöl
2 Schalotten, fein gehackt
Thymianzweiglein nach Geschmack
Meersalz, Pfeffer aus der Mühle
1–2 EL Weissweinessig

■ Die Artischockenböden klein schneiden.
■ Butter und Öl erhitzen, die Schalotten darin anschwitzen, die Artischocken mit dem Thymian dazugeben, salzen und pfeffern und 10 Minuten braten. Anschliessend mit dem Essig ablöschen, pürieren, eventuell noch eine Winzigkeit Bouillon oder Weisswein hinzufügen und abschmecken.

Tipp:
Diese Paste schmeckt heiss und kalt gleichermassen lecker. Ihrem Einsatz in der Küche sind kaum Grenzen gesetzt – füllen Sie sie auch einmal in Ravioli.

Artischockenpesto

4 Artischockenböden, weich gekocht
3 EL Pinienkerne
2 Knoblauchzehen
1 Bund glatte Petersilie, gehackt
50 g frisch geriebener Käse, halb Parmesan, halb Pecorino
etwa 100 ml kaltgepresstes Olivenöl
Meersalz, Pfeffer aus der Mühle

■ Die Artischockenböden abkühlen lassen und klein schneiden. Mit allen anderen Zutaten bis auf Salz und Pfeffer im Mixer zu einem Pesto pürieren, dabei das Öl nach und nach einlaufen lassen, bis die gewünschte Konsistenz erreicht ist. Zum Schluss kräftig mit Salz und Pfeffer abschmecken.

Tipps:
Pesto reicht man klassischerweise zu Pasta. Er passt aber noch zu vielem anderen, z. B. als Aufstrich für Crostini, als Grundlage für Sandwiches oder auch als Dip zu rohen oder gegarten Gemüsen.

Für eine abgespeckte Version ersetzen Sie die Hälfte (oder mehr) des Öls durch Wasser.

Variationen:
Die Pinienkerne durch Mandel-, Nuss- oder Sonnenblumenkerne ersetzen, die Petersilie durch Rucola, Bärlauch oder Basilikum (auch eine Kräutermischung macht sich gut), den Knoblauch durch Schalotten – und schon verfügen Sie über eine ganze Palette von verschiedenen köstlichen Artischockenpesto-Rezepten.

Dips

Die folgenden kalten Dips sind meine Empfehlungen für die klassische Form der Artischocken als Vorspeise (siehe Seite 20). Selbstverständlich gibt es noch weitere Saucen und Dips, die das köstliche Aroma der Artischocke zur Geltung bringen. Eines gilt aber immer: Sie dürfen den feinen Artischockengeschmack nicht erschlagen, sondern sollten ihn vielmehr unterstreichen.

Grüne Göttin

150 g Sauerrahm
150 g Naturjoghurt
reichlich Kräuter (Dill, glatte Petersilie, Schnittlauch, kleine Mengen von weiteren Kräutern nach Geschmack), frisch gehackt
Kräutersalz, Pfeffer aus der Mühle
Rosenpaprika

■ Sämtliche Zutaten miteinander pürieren und zum Schluss mit den Gewürzen abschmecken.

Tipp:
Für ein strikt veganes Rezept ohne Milchprodukte pürieren Sie zunächst Nuss- oder Mandelmus aus dem Bioladen mit Wasser (nach und nach dazugeben) und fügen dann die Kräuter und Gewürze hinzu.

Roher Tomatendip

6 grosse, reife Tomaten, gehäutet, entkernt, fein gewürfelt
3 Knoblauchzehen, im Mörser zerstossen oder gepresst
Meersalz, Pfeffer aus der Mühle
2 EL kleine Kapern
8 EL kaltgepresstes Olivenöl

■ Sämtliche Zutaten gut mischen, 30 Minuten ruhen lassen und am Schluss mit Salz und Pfeffer kräftig abschmecken.

Kräuter-Quark-Dip

2 hart gekochte Eier
1 EL kaltgepresstes Olivenöl
1 TL Dijonsenf
200 g Quark (Fettgehalt nach Belieben)
je 1 EL frisch gepresster Zitronen- und Orangensaft
1 TL abgeriebene Schale von einer unbehandelten Orange
1 Schalotte, sehr fein gehackt
2 EL frisch gehackte gemischte Kräuter (wie Petersilie, Dill, Estragon, Schnittlauch, Basilikum, Kerbel)
Meersalz, Pfeffer aus der Mühle

■ Die Eigelbe zerdrücken und mit Öl und Senf zu einer Paste verrühren.
■ Den Quark aufschlagen und zusammen mit dem Saft und der Schale der Zitrusfrüchte zur Sauce geben. Die Schalotte, das fein gehackte Eiweiss und die Kräuter unterheben, mit Salz und Pfeffer abschmecken.

Ziegenkäse-Kräuter-Dip

150 g Ziegenfrischkäse
150 g Sauerrahm
reichlich Basilikum, Rucola oder Bärlauch
Meersalz, Pfeffer aus der Mühle

■ Sämtliche Zutaten miteinander pürieren und mit Salz und Pfeffer kräftig abschmecken (eventuell noch etwas Naturejoghurt hinzugeben).

Walnussdip

50 g Walnusskerne
50 g Brotbrösel
2 Knoblauchzehen
5 EL Gemüsebouillon
2 EL Olivenöl
5 EL Zitronensaft
Meersalz
scharfes Paprikapulver nach Geschmack

■ Die Nüsse mit den Bröseln und dem Knoblauch im Mörser zerstossen oder pürieren. Nach und nach so viel Bouillon dazugeben, bis die gewünschte Konsistenz erreicht ist. Die übrigen Zutaten hinzufügen, gut durchrühren und nach Belieben mit Paprika würzen.

Vinaigrette Surprise

2 EL Dijonsenf
2–3 EL Weissweinessig
Meersalz, Pfeffer aus der Mühle
200 ml kaltgepresstes Olivenöl
1 kleines hart gekochtes Ei
½ EL fein gehackte Gewürzgurken
½ EL fein gehackte Kapern
½ EL fein gehackte rote Zwiebel

■ Den Senf mit dem Essig, den Gewürzen und dem Olivenöl zu einer Vinaigrette aufschlagen.
■ Das Ei halbieren, durch ein Sieb aus rostfreiem Stahl streichen und zur Vinaigrette geben.
■ Nach und nach die anderen Zutaten dazugeben und so lange rühren, bis sich alles miteinander verbunden hat. Zum Schluss noch einmal mit Salz und Pfeffer abschmecken.

Chilidip

2 frische rote Chilis
2 Knoblauchzehen
½ TL grobes Meersalz
1–2 Scheiben Weissbrot (je nach Grösse)
6 EL kaltgepresstes Olivenöl

■ Die Chilis aufschlitzen, entkernen und sehr fein hacken. Den Knoblauch mit dem Salz im Mörser zerstossen und alles zusammen pürieren.

■ Das Brot im Artischocken-Kochsud kurz einweichen und dazugeben, ebenso das Olivenöl und alles gut miteinander vermischen.

Tipp:
Für eine leichtere Dipvariante können Sie einen grossen (oder kleineren) Teil des Öls durch Artischockenkochsud ersetzen.
Das lässt sich natürlich bei allen Dips so machen, die zu gekochten Artischocken gereicht werden – der Sud fällt dabei sowieso an, und Leber und Galle werden es Ihnen danken.

Eingelegte Artischockenherzen

4 grosse Zitronen, Saft
2 TL grobes Meersalz
12 mittelgrosse Artischocken, küchenfertig vorbereitet
kaltgepresstes Olivenöl

■ Den Zitronensaft mit dem Salz mischen. Die Artischocken von allen harten, trockenen und stachligen Teilen befreien (nur das wirklich zarte Innere verwenden!) und die Herzen sofort in die Zitronensaftmischung legen.
■ Die Artischocken eng in ein Einmachglas schichten, den Zitronensaft dazugiessen, mit Öl auffüllen. Das Glas gut verschliessen und kurz umdrehen, damit sich die Zutaten gut vermischen.

Tipp:
Nach 4 Wochen sind die eingelegten Artischocken durchgezogen und genussbereit. Sie halten sich aber ungeöffnet und an einem kühlen Ort durchaus mehrere Monate. Dieses Rezept sollten alle Artischockenliebhaber unbedingt in ihr Repertoire aufnehmen – garantiert es doch einen Vorrat an Artischockenherzen, auch wenn es keine frischen Früchte gibt. Sie können auch gleich mehr einlegen – dann die Zutaten entsprechend multiplizieren.

Mixed Pickles mit Artischockenherzen

6 sehr kleine Babyartischocken, küchenfertig vorbereitet
250 g ganze kleine Einmachgurken
1 grosse Karotte
1 grosse Fenchelknolle
1 Hand voll Schalotten
3 kleine Randen (Rote Beten)
3 kleine weisse Rüben (Navets)
1 Hand voll grüne Bohnen
3 Knoblauchzehen
2 Peperoncini
1 Lorbeerblatt
frischer Dill
2 TL Koriandersamen
300 ml Weissweinessig
2–3 EL Meersalz

■ Die Artischocken von allen harten, trockenen und stachligen Teilen befreien. Die übrigen Gemüse putzen, wenn nötig grob zerkleinern (etwa in der Grösse der Artischocken), abwechselnd in ein genügend grosses Einmachglas schichten und die Gewürze dazwischen verteilen.

■ Etwa 1 Liter Wasser mit dem Essig und dem Salz vermischen und über das Gemüse giessen. Es sollte gerade bedeckt sein – falls es nicht reicht, müssen Sie noch mehr Flüssigkeit zubereiten.

Tipps:
Lassen Sie die Pickles eine Weile durchziehen, das kommt ihrem Geschmack zugute. An einem kühlen Ort halten sie sich mindestens 2 Monate frisch.

Sie können die Pickles-Mischung ganz nach Ihren eigenen Vorlieben zusammenstellen. Es sollten allerdings eher feste Gemüsesorten sein.

Artischocken-Tomaten-Chutney

8 sehr kleine Baby-Artischocken, küchenfertig vorbereitet
½ Zitrone, Saft
500 g reife Tomaten, gehäutet, entkernt, gewürfelt
200 g Zwiebeln, halbiert, in feine Ringe geschnitten
1 Knoblauchzehe, fein gehackt
etwa 1 cm frischer Ingwer, geschält, fein gehackt
1 TL Senfkörner
1 TL Meersalz
150 ml Rotweinessig
200 g Honig

■ Die Artischocken von allen harten, trockenen und stachligen Teilen befreien und sofort in Zitronenwasser legen. Die Artischocken klein schneiden und zusammen mit den übrigen Gemüsen und den Gewürzen bei kleiner Hitze etwa ½ Stunde zugedeckt köcheln lassen, bis alles sehr weich ist. Dann den Essig und den Honig dazugeben und alles unter gelegentlichem Rühren mindestens eine weitere ½ Stunde einköcheln.

■ Noch heiss in kleine Einmachgläser füllen und an einem kühlen Ort mindestens 6 Wochen ruhen lassen.

Tipp:
Chutney ist ein herrlicher Begleiter zu vielen kalten und warmen, fleischlichen und vegetarischen Genüssen – beileibe nicht nur zu indischen Gerichten. Sie können mit den Gewürzen spielen und zum Beispiel durch Zugabe von Chili und mehr Ingwer noch Schärfe hineinbringen.

Artischocken in Öl

12 kleinere Artischocken, küchenfertig vorbereitet
2 Zitronen, Saft
1 l trockener, leichter Weisswein
½ l Weissweinessig
1 unbehandelte Zitrone, dünn geschält
1½ TL Meersalz
5 Gewürznelken
3 Lorbeerblätter
12 schwarze Pfefferkörner
kaltgepresstes Olivenöl nach Bedarf

■ Die Artischocken von allen harten, trockenen und stachligen Teilen befreien (nur das wirklich zarte Innere verwenden!) und sofort in Zitronenwasser legen.
■ Wein und Essig mit Zitronenschale, Salz, 3 Nelken, 2 Lorbeerblättern und 8 Pfefferkörnern aufkochen und die Artischocken darin etwa 20 Minuten gar köcheln, danach abtropfen und abkühlen lassen.
■ Die Artischocken eng in ein passendes Einmachglas schichten, die restlichen Gewürze dazugeben und mit so viel Öl begiessen, dass sie gerade bedeckt sind.

Tipp:
Nach etwa 10 Tagen sind die Artischocken ganz vom Aroma der Gewürze durchzogen. An einem kühlen Ort halten sie sich 2–3 Wochen.

Marinierte Artischockenherzen sind ein wahrer Tausendsassa: Sie passen zu kaltem oder warmem Fleisch, zu Salaten, auf Sandwiches, zu Gegrilltem oder auf ein Büfett.

Zarter Artischockenkuss

Für 6 Portionen

4 grosse fleischige Artischocken, küchenfertig vorbereitet
Meersalz, weisser Pfeffer aus der Mühle
1 Zitrone, Saft
1 gestrichener TL Agar-Agar
½ l leichter, fruchtiger Weisswein oder Artischockensud
1 Becher Rahm, steif geschlagen
frische Kräuter nach Geschmack (z.B. Pfefferminze, Zitronenmelisse)

■ Die Artischocken von allen harten, trockenen und stachligen Teilen befreien und sofort in leicht gesalzenem Zitronenwasser (Saft von ½ Zitrone) mindestens 30 Minuten kochen, bis sie richtig weich sind.

■ Die Artischocken kopfüber abtropfen und abkühlen lassen, dann die äusseren Blätter ablösen und mit einem kleinen scharfen Löffel das Fleisch davon abschaben. Die Früchte auf diese Weise entblättern, halbieren, die zarten inneren Blätter abheben und zur Seite legen, das Heu entfernen, die Böden freilegen und zerkleinern.

■ Das Agar-Agar im Wein (oder Wasser) auflösen, unter Rühren aufkochen und 10 Minuten abkühlen lassen.

■ Das abgeschabte Fruchtfleisch und die zerkleinerten Böden mit der abgekühlten Flüssigkeit pürieren, den geschlagenen Rahm darunter heben und die Masse mit Salz, Pfeffer und Zitronensaft abschmecken.

■ In Portionsschalen füllen und zugedeckt mindestens 2 Stunden in den Kühlschrank stellen. Vor dem Servieren mit den zarten Blütenblättern und mit frischen Kräutern dekorieren.

Variation:
Verwenden Sie die doppelte Menge Agar-Agar, verteilen Sie die Creme auf 6 gebutterte Schälchen (z.B. Souffléförmchen) und stellen Sie diese zugedeckt mindestens 2 Stunden in den Kühlschrank. Vor dem Servieren stürzen, mit den zarten Artischockenblütenblättern garnieren und eventuell eine Sauce nach Gusto dazu servieren.

Gut zu wissen:
Agar-Agar ist ein rein pflanzliches Geliermittel aus Meeresalgen. In Zeiten von BSE ist es eine wunderbare Alternative zu der aus Risikomaterial gewonnenen Gelatine. Sie erhalten es in Bioläden und Reformhäusern.

Salate und Vorspeisen

Suppen, Eintöpfe und kleine Gerichte

Hauptgerichte und Beilagen

Saucen, Pasten, Dips und Eingemachtes